Rosemarie Dröschel & Astrid Feuser

Weise Eule – schöner Schwan

Orakel der Helfertiere

Rosemarie Dröschel & Astrid Feuser

Weise Eule – schöner Schwan

Orakel der Helfertiere

40 Farbkarten und Deutungshandbuch

Bauer

Verlag Hermann Bauer
Freiburg im Breisgau

Die Deutsche Bibliothek – CIP-Einheitsaufnahme

Ein Titeldatensatz für diese Publikation ist bei
Der Deutschen Bibliothek erhältlich

Mit 40 Aquarellen von Astrid Feuser

1. Auflage 2000
ISBN 3-7626-0789-3

Einband: Accentus Werbeagentur Stalter, Freiburg i. Br.
Satz: Fotosatz Pfander, Freiburg i. Br.
Druck und Bindung: Freiburger Graphische Betriebe, Freiburg i. Br.
Printed in Germany

Inhalt

Die 40 Helfertiere

Statt eines Vorwortes: Ein schwedisches Märchen

An einem schönen Sommertag um die Mittagszeit herrschte große Stille am Waldrand. Die Vögel hatten ihre Köpfe unter die Flügel gesteckt, und alles ruhte. Da fragte der Rabe klug: »Was ist eigentlich das Leben?« Alle reagierten betroffen auf diese schwierige Frage. In einem großen Bogen flog der Rabe über die weite Wiese und kehrte zu seinem Ast im Schatten des Baumes zurück.

Die Rose entfaltete gerade ihre Knospe und schob behutsam ein Blatt ums andere ans Licht. Sie sprach: »Das Leben ist Entwicklung.«

Der Schmetterling hatte seine Wandlung bereits vollzogen. Er flatterte von einer Blume zur anderen, naschte da und dort, wohl wissend: »Das Leben ist lauter Freude und Sonnenschein.«

Im grünen Gras ruhte sich das Pferd von der Last des Tages aus und sagte: »Das Leben ist nichts anderes als Mühsal und Arbeit.«

Geschäftig kehrte eine Biene von der honigsüß duftenden Blume zurück und meinte dazu: »Nein, das Leben ist ein Wechsel von Arbeit und Vergnügen.«

Wo so weise Reden geführt wurden, streckte auch der Maulwurf seinen Kopf aus der Erde und brummte: »Das Leben? Es ist ein Kampf im Dunkeln.«

Nun wäre es fast zum Streit gekommen, wenn nicht ein feiner Regen eingesetzt hätte, der leise seufzte: »Das Leben besteht aus Tränen, nichts als Tränen.«

Dann zog der Regen weiter zum Meer. Dort brandeten die Wogen mit aller Gewalt gegen die Klippen und stöhnten laut: »Das Leben ist ein ständiges Wallen und Anstürmen gegen Grenzen, ein Ringen um Freiheit.«

Hoch über ihnen zog majestätisch der Adler seine Kreise. Er frohlockte: »Das Leben, das Leben ist ein Streben nach oben.«

Nicht weit vom Ufer entfernt stand eine Weide. Sie hatte der Sturm schon ganz zur Seite gebogen. So sagte sie: »Das Leben ist ein Sich-Neigen unter einer höheren Macht.«

Schließlich kam die Nacht.

Mit lautlosem Flügelschlag glitt die Eule über die Wiese dem Wald entgegen und verkündete ihre Weisheit: »Das Leben heißt die Gelegenheit nützen, wenn andere schlafen.«

Und endlich wurde es still in Wald und Wiese.

Nach einer Weile kam eine junge Frau des Weges. Sie setzte sich müde ins Gras und bestaunte den funkelnden Sternenhimmel: »Das Leben ist eine ständige Suche nach Glück und eine lange Perlenkette von Enttäuschungen.«

Da erhob sich auf einmal die Morgenröte in ihrer vollen Pracht und sprach: »Wie ich, die Morgenröte, der Beginn des neuen Tages bin, so ist das Leben der Anbruch der Ewigkeit.«

(Verfasser unbekannt)

Der Bund mit Hund und Katze

Wir alle, Mensch und Tier, sind Mitgeschöpfe dieser Erde.

Die Tiere bevölkerten unsere Erde schon von Urzeiten an. Sie gingen uns einstmals voraus, um ihre Art und Seelenkraft auszubilden. Seien wir ihnen dankbar, denn sie bereiteten uns damit den Weg in den »Garten Erden«.

Wir Menschen haben zur Seelenkraft auch den Geist entwickelt. Indem wir uns so neue Dimensionen eröffnen und erobern, schreiten wir jetzt den Tieren voran und können ihnen Führer und Lehrer sein. Wir können ihren Evolutionsprozeß fördern, damit auch sie einmal diese Sphären betreten können: Dein kleiner Hund und deine kleine Katze möchten bei dir, in deinem Haus, mit deiner Hilfe ihre Individualität entfalten. Du rufst deinen »Hansi« bei seinem Namen – er hört auf dich; du sagst zu deinem Hund »Tu dies oder das«, und er gehorcht dir. So lernen die Tiere von dir, aber auch sie können für dich ein Lehrmeister sein: Sie bieten dir bereitwillig ihre Kräfte an. Dieses Buch möchte dir helfen, diese wertvollen Kräfte zu erkennen, anzunehmen und in dein Leben zu integrieren.

Jedes Tier entwickelt sein ganz besonderes Wesen und legt ganz spezielle Verhaltensweisen an den Tag, die uns Lektionen über das Leben vermitteln. Wer die Tiere aufmerksam beobachtet, wird aus ihrem Verhalten viel lernen und diese Quelle der Kraft für sich nutzen können. So können aus dem Königreich der Tiere Heilung, Harmonie, Freude, Verständnis, Beistand und Schutz und viele andere gute Gaben zu uns kommen. Wer sich auf die Kraft der Tiere einläßt, wird die Wirkung dieser ganz besonderen Magie voller Ehrfurcht erfahren.

Die Tiere haben sich nämlich etwas erhalten, was uns Menschen im Verlauf der Ausbildung der Geistes- und Verstandeskräfte, der Entwicklung von Kultur und Zivilisation oft verlorengegangen ist. Sie können uns an das Verlorene erinnern und es uns wieder lehren: das Aufleben der Gefühlswelt und damit das Aufblühen des Seelenlebens, das Erwachen ursprünglicher Stärken und Instinktkräfte. Aber die Tiere besitzen weit mehr! Sie haben sich den wertvollsten Schatz bewahrt, den zu heben für uns Menschen Erleuchtung bedeutet. Sie können das, was wir erst wieder mühsam lernen müssen: *einfach sein im Hier und Jetzt.* Diese »Ich-Bin-der-Ich-Bin-Kraft«, die den Tieren noch innewohnt, ist göttlich. Sie leben mit einem instinktsicheren Urvertrauen, ohne Angst, daß vielleicht morgen das Gras nicht mehr wachsen oder der Regen nicht mehr fallen könnte. Sie säen nicht, sie ernten nicht, sie leben einfach – sie sind noch wahrlich Kinder Gottes. Wenn du der Botschaft der Tiere lauschst, die dir durch das Orakel vermittelt wird, und ihrer Weisheit folgst, kannst du dir die Kräfte der Tiere zu eigen machen und ein Stück Urvertrauen zurückgewinnen.

Die Naturvölker, ganz besonders die Indianer mit ihren »Totem-Tieren«, haben sich das Wissen um die Tierwesen und Tiergeister zum Wohle des ganzen Stammes zunutze gemacht. In unserem Kulturkreis jedoch wurde es ausgerottet und ging so zum größten Teil verloren. Die Märchen berichten noch davon, und auch der Volksmund hat manches davon bewahrt in Form allseits bekannter Sprichwörter wie »Das ist alles für die Katz«, »Er ist ein armer Hund«, »Du hast aber Schwein gehabt«, »Schlau wie ein Fuchs«, um nur einige zu nennen. Hierin ist noch viel Weisheit enthalten, die wir uns wieder bewußtmachen können.

Mit diesem Buch möchten wir dazu beitragen, daß dieses Wissen bei uns wieder lebendig wird. Dazu schien es sinnvoll, mit dem Geist der Tiere zu arbeiten, deren irdische Vertreter auch in unserem Kulturkreis beheimatet sind: Die ausgewählten Tiere leben seit Generationen hier im abendländischen Raum. Sie sind uns allen so vertraut, daß es uns leichtfallen wird, gefühlsmäßig mit ihnen Verbindung aufzunehmen. Auch unsere einheimischen Tiere haben große Macht, sogar die allerkleinsten wie z.B. das Mäuschen.

Beim Arbeiten mit dem Tierorakel erwacht das intuitive Wissen der Mystiker und der weisen Frauen, die Einheit und innere Verbundenheit mit den Naturkräften lebt wieder auf. Der große Geist der Tiere ist gegenwärtig und bereit, zum Wohle der Menschen in Erscheinung zu treten, sei es in Visionen und Traumbildern oder auch, um als weltliches Tier ein Zeichen zu geben: Wer Augen hat zu sehen, der sehe! Alles im ganzen Kosmos besteht aus Energie, ein ewiges Werden und Wandeln herrscht dort und auch in dieser Welt. Wen wundert es da, daß auch der Mensch, der am Ende der Evolutionskette hier auf dieser Erde steht, der eingebunden ist in diese kosmische Materie, das universelle Wissen in sich trägt? Offenbart werden kann es uns aber nur, wenn wir bereit sind, uns zu öffnen und zu lernen. Wer auf dem Weg »Erkenne dich selbst« einen Schritt vorankommen will, für den kann diese Tier-Erlebnis-Welt zu einem kostbaren Schatz werden und ihm dazu verhelfen, sich zu entwickeln und zu entfalten bis zur Vollendung.

Tiere können uns auf wunderbare Weise unterstützen. Mit dem Orakel der Tiere können Konflikte erkannt und mit Hilfe ihrer Kräfte gelöst werden. Gleichgewicht, Ordnung und Harmonie werden wiederhergestellt. Es bedarf solchen Gleichgewichts, denn Ungleichgewicht zerstört.

Wenn unser Seelenleben aus dem Gleichgewicht geraten ist, fehlt uns die Klarheit der Entscheidung. Das Orakel der Tiere kann bei der Entscheidungsfindung helfen und uns einen Weg weisen.

In Traumbildern können die Tiere zu uns kommen und uns etwas von ihren Kräften mitteilen. Mit den Orakelkarten können wir ihre Kräfte auch selbst herbeirufen und uns schenken lassen, zu eigen machen, was uns noch fehlt: Kraft, Stärke, Zugang zur Gefühlswelt. Die Tiere sind bereit, uns ihre Zuneigung zu schenken, mögen wir immer mehr Mitgefühl und Liebe zu ihnen entwickeln und für ihre Hilfe dankbar sein.

Was ein Orakel kann und was es nicht kann

Das Befragen des Orakels ist ein Spiel, jedoch keine Spielerei! Trotz aller Freude, die die intuitive Arbeit dir bereiten wird, solltest du auch einen gewissen Ernst dabei aufbringen. Wenn du so vorgehst, weiß deine Seele, daß jetzt etwas ganz Besonderes und für dich sehr Wichtiges geschehen wird. Dann wird sie von der Botschaft, die dich erwartet, weit mehr beeindruckt sein, als wenn du »nur mal so nebenbei«, »zwischen Tür und Angel« oder aus »Jux und Tollerei« eine Karte ziehst.

Auch sollte das Orakel nicht aus purer Neugier befragt werden, sondern am Anfang sollte immer eine konkrete Frage stehen, die sich auf ein bestimmtes Problem bezieht, das dir das Leben gestellt hat. Diese Frage und ihre genaue Formulierung sind sehr wichtig. Hilfreich ist es auch, die Frage aufzuschreiben, um den genauen Wortlaut festzuhalten.

Nun gilt es noch zu unterscheiden zwischen sinnvollen Fragen und solchen, die sinnlos sind, weil das Orakel sie gar nicht beantworten *kann.* Eine solche Nonsens-Frage wäre z. B.: »Werde ich im Lotto gewinnen?« Wenn du diese Frage aber stellen möchtest, weil du Geldprobleme hast, wäre eine sinnvolle Formulierung: »Was kann ich tun, um meine Geldprobleme zu beheben?« Oder noch konkreter: »Welches Tier kann mir mit seiner Kraft dazu verhelfen, daß ich meine Geldprobleme in den Griff bekomme?« Erscheint nun z.B. der Widder und bietet dir sein Durchsetzungsvermögen an, so wird es dir bestimmt leichter fallen, bei deinem Chef um eine Gehaltserhöhung zu bitten oder dich im Büro nicht weiter unterbuttern zu lassen. Oder solltest du, um finanzkräftiger zu werden, mit der Biene fleißiger, mit dem Eichhörnchen geschäftiger sein ...?

Erforsche dein Gewissen gründlich, gehe deinen Problemen auf den Grund, und stelle eine genau formulierte Frage, die du am besten vorher aufgeschrieben hast – dann erst solltest du das Orakel befragen. So kannst du sinnvoll damit arbeiten und wertvolle Hilfestellungen für dein Leben erhalten.

Vielleicht möchtest du auch ein spirituelles Tagebuch führen, in dem du die Fragen, die dazu gezogenen Karten und die daraus gewonnenen Erkenntnisse notierst. Dann kannst du später immer wieder nachschauen, wie sich dein Leben durch die Arbeit mit dem Orakel verändert hat.

Vorbereitung auf das Orakel: Mit der Seele Kontakt aufnehmen

Ein Orakel kann für dich eine wertvolle Hilfe im Leben sein: Es bietet deiner Seele eine Möglichkeit, dir ihre Botschaft zu übermitteln. Deine Seele kann ja nicht in Worten sprechen, so wie du es als Mensch mit deinen Verstandeskräften gewohnt bist. Die Sprache der Seele sind Bilder und Symbole, die dir vor allem in deinen Träumen gezeigt werden. Ein anderer Weg, um mit der Seele in Kontakt zu kommen, ist das Orakel. Es bietet eine wunderbare Möglichkeit, sich bewußtzumachen, was sich dem Bewußtsein normalerweise entzieht, um so mehr Wissen und Weisheit im Leben zu erlangen.

Um diesen Prozeß zu erleichtern, ist es gut, das Befragen der Karten mit einem kleinen Ritual zu verbinden, das du ganz individuell für dich persönlich entwickeln kannst. Wenn du ein solches Ritual und die dazugehörigen Handlungen ausführst, weiß deine Seele nämlich: »Ah, jetzt bin ich gefragt!« und freut sich darauf, mit dir zu kommunizieren. Für ein solches Ritual kann es hilfreich sein, wenn du ein nur für diesen Zweck bestimmtes schönes Tuch ausbreitest, eventuell an einem ganz besonderen Platz, wo du dich wohl fühlst, und eine Kerze anzündest. Nun halte die Karten einen Augenblick in der Hand, dann mische sie sorgfältig und in Ruhe – das hilft deiner Seele, mit ihnen in Kontakt zu kommen. Wenn du sie auf dem Tuch auslegst, sollte auch das mit Achtsamkeit und Respekt vor den Kräften geschehen, mit denen du in Berührung kommen willst. Halte jetzt noch einen Augenblick inne – Beschaulichkeit und Gelassenheit wollen sich einstellen –, und konzentriere dich dann auf deine Fragestellung, auf dein Problem. Wenn du deine Frage nicht nur in Worten formulierst, sondern dir deine Situation auch bildlich vorstellst, kann deine Seele dich besser verstehen. Versuche dich auch gefühlsmäßig auf dein Problem einzustellen: Damit wird der Kontakt noch intensiver, denn auch die Gefühle gehören ja deinem Seelenleben an. Nun wirst du zentriert genug sein, um in aller Ruhe eine Karte zu ziehen. Gehe dabei nicht verstandesmäßig, sondern ganz intuitiv vor. Oft wird es eine Karte geben, die dich magisch anzieht, die dich »ruft«. Die Karte, die du bekommst, wird in jedem Fall die richtige sein; deine Seele, die über das Unbewußte herrscht, hat sie dir zugespielt, um dir die mit der Karte verbundene Botschaft ins Bewußtsein zu bringen. Vernimm sie, und wende sie auf dein Leben an.

Orakelmethoden

Die Erkenntniskarte

Du hast ein Problem ... Fasse es in eine konkrete Fragestellung, dann ziehe, während du dich intensiv auf deine Frage konzentrierst, eine Karte. Das ermittelte Tier bietet dir jetzt seine Kraft zur Problemlösung an.

Aber sei dir bewußt: Die Karte zeigt dir die Kraft, die du gerade *nicht* hast. Diese Kraft, an der es dir in bezug auf dein Problem mangelt, ist genau die, die du am dringendsten brauchst, um dein Problem zu lösen. Versuche, diese Kraft in dir zu erwecken.

Die Widerstandskarte

Oft genug wirst du – wie alle Menschen – in deinem Leben auf Widerstand stoßen. Wenn du also ein konkretes Problem hast, kannst du auch danach fragen, welche Kraft dir da entgegentritt. Oft ist dir nämlich gar nicht bewußt, was das eigentlich für eine Hürde ist, die da vor dir steht. Dann kannst du aber das Orakel fragen: »Was ist das für eine Kraft, die sich mir in den Weg stellt?« und eine Karte dazu ziehen.

Doch wenn du die dir entgegenkommende Kraft ermittelt hast, solltest du bedenken, daß sie nicht dein Feind ist! Widerstände im Leben sind notwendig, um dich anzuspornen, um deine Reserven hervorzulocken und dich aufzufordern, noch unentwickelte Talente zu entfalten. Du kannst Widerstände im Leben als Freunde betrachten, die deine Entwicklung fördern!

Wenn du möchtest, kannst du auch noch eine zweite Karte ziehen und dir dabei die Frage stellen, welches besondere Talent du entwickeln solltest, um dem »Widerstand« zu begegnen.

Die Zustandskarte

Mit diesem Orakel fragst du nach deinem augenblicklichen Ist-Zustand, nach deinem derzeitigen So-Sein in diesem Leben. Die gezogene Karte verrät dir, welche Kraft im Moment bei dir vorherrscht.

Bedenke aber, daß du ein Wesen bist, das im Strom des Lebens mitschwingt. Du wirst dich immer – einmal mehr, einmal weniger, jedoch ständig – wandeln. Schon morgen bist du nicht mehr derselbe oder dieselbe wie heute. Du kannst also ruhig häufiger eine Zustandskarte ziehen, um die jeweils vorherrschende Kraft zu erfahren.

Die Zukunftskarte

Sie wird dir nicht die Zukunft verraten, denn als ein freies Wesen bist du es selbst, der seine Zukunft gestaltet. Doch die gezogene Zukunftskarte kann dir sagen, welche Eigenschaft für deinen weiteren Lebensweg besonders wertvoll sein kann, und dir damit einen nützlichen Hinweis geben.

Die Tageskarte

Natürlich kannst du auch zum Spaß eine Tageskarte ziehen mit der Frage: »Welches Tier möchte mich heute begleiten?« Dann schau einmal genau hin, ob dir an diesem Tag in der Realität Tiere begegnen und welche das sind. Achte auch auf das Erscheinen von Tieren in deinen Träumen und Visionen. Du wirst zu erstaunlichen Erkenntnissen kommen!

Das Frosch-Orakel

Das Frosch-Orakel eignet sich besonders gut, wenn du weitreichende Pläne in die Tat umsetzen willst. Dann kann dir dieses Orakel wichtige Hinweise auf zukünftige Entwicklungen geben. Das ist natürlich nicht in dem Sinne zu verstehen, daß dir das Orakel die Zukunft weissagt! Es kann dir aber verraten, welche Kräfte es zu aktivieren gilt, damit du leichter zum Erfolg gelangst.

Leg die Karten nach folgendem Schema aus:

5

Hoch hinaus

4

Große Sprünge

3

Der Frosch

2

Die Kaul-quappe

1

Das Ei

Vor dem Auslegen der einzelnen Karten solltest du dir die folgenden Fragen stellen:

1. *Das Ei – die Pläne*
   Welche Idee liegt meinem Plan zugrunde? Welche Kraft in mir ist es, die da nach Ausdruck und Verwirklichung verlangt?

2. *Die Kaulquappe – der Reifungsprozeß*
   Welche Kraft kann mir besonders helfen, um meine Ideen und Pläne zur Reifung zu bringen?

3. *Der Frosch – die Realisierung*
   Welche Eigenschaft muß ich entwickeln, damit ich meine Pläne erfolgreich in die Tat umsetzen kann?

4. *Große Sprünge – Eigendynamik*
   Das fertige Werk wird seine eigene Dynamik entwickeln. Welche mag das sein?

5. *Hoch hinaus – Perspektiven für die Zukunft*
   Welche weiteren Entwicklungen können sich in Zukunft für mich aus meinem Werk ergeben?

Das Orakel der weisen Eule

Dieses Orakel hilft dir, wenn Gefühl und Verstand miteinander im Streit liegen. Wenn der Verstand dir ganz logisch und vernünftig erklärt, was du tun solltest, das Gefühl aber gar nicht einverstanden ist. Meist spürst du in solch einer Situation zwar unterschwellig, daß etwas nicht stimmt, doch dieses »Etwas« ist dir nicht bewußt.

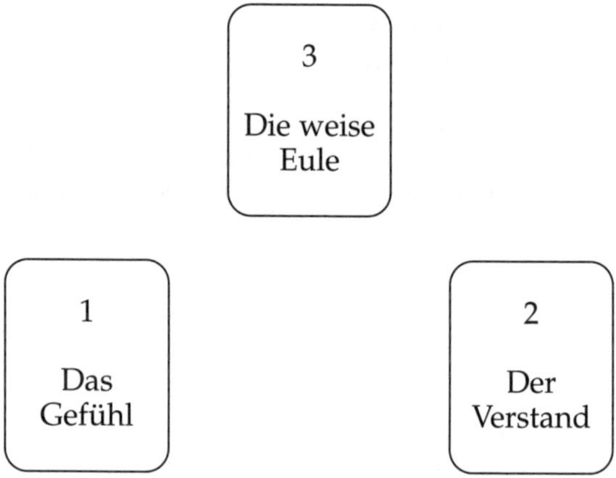

Bei diesem Orakel bekommst du Auskunft darüber, welche Kräfte da im Widerstreit miteinander liegen. Dabei kennzeichnet die erste Karte deine Gefühlslage und die zweite die Situation deines Verstandes. Die dritte Karte ist die Eulenkarte. Die Eule verhilft dir mit ihrer Weisheit zur Entscheidungsfindung.

Das kleine Medizinrad

Dieses Orakel wirst du nur selten legen, denn seine Weisung wird dich über längere Zeit führen. Wenn du am Beginn eines neuen Lebensabschnittes stehst, kannst du dieses Orakel zu Rate ziehen und fragen, welche Tiere dich in den nächsten Monaten oder Jahren begleiten wollen. Mit ihrer Hilfe wird es für dich leichter, deine noch brachliegenden Talente zu entfalten und dich im bestmöglichen Sinn zu entwickeln.

	1 Dieses Tier geht mir voran.	
3 Dieses zur Linken mich begleite.	5 Dieses ist der Hüter meines Herzens.	4 Dieses zur Rechten für mich streite.
	2 Dieses folgt mir nach.	

1. *Dieses Tier geht mir voran:*
   Führung auf dem weiteren Lebensweg
   Das Tier, das dir vorangeht, möchte dir den Weg ebnen und Hindernisse beiseite räumen, damit du besser vorankommst. Wie ein Spürhund wittert es jede günstige Gelegenheit. Mit seiner Führung kannst du deinen Lebensweg leichter bewältigen.

2. *Dieses folgt mir nach:*
   Träger deiner Lasten
   Sei diesem Tier besonders dankbar, denn es ist dein »Packesel«. Es hilft dir, das Gepäck, das du aus deiner Vergangenheit mitgebracht hast, zu tragen.

Aber achte auch darauf, alte Belastungen nicht immer weiter mit dir herumzuschleppen! Wenn die Zeit reif ist, solltest du darangehen, alte Bürden aufzuarbeiten und abzuwerfen, um dein Bündel leichter zu machen. Das Tier, das dir hilft, deine Bürde zu tragen, wird sich darüber freuen und ist gern bereit, dir mit seiner besonderen Kraft dabei zu helfen.

3. *Dieses zur Linken mich begleite:*
Freundlicher Wegbegleiter
An deiner linken Seite geht jemand, der dir seine Freundschaft anbietet. Dein freundlicher Wegbegleiter möchte deine Gefühle ansprechen, teilhaben an deiner Lebensfreude und dich trösten, wenn es über beschwerliche Wegstrecken geht.

4. *Dieses zur Rechten für mich streite:*
Dein Beschützer
Das Tier an deiner rechten Seite verrät dir, mit welcher Kraft du dich am besten verteidigen kannst, wenn dich der rauhe Wind des Lebens trifft und dich umzuwerfen droht. Rufe seine Hilfe an, und scheue nicht davor zurück, dich zur Wehr zu setzen.

5. *Dieses ist der Hüter meines Herzens:*
Dein Herzenstier
Das fünfte Tier achtet darauf, daß du im Lebenskampf deine innersten, deine Herzenswünsche nicht vergißt. Es lehrt dich, deine Liebesfähigkeit und dein Mitgefühl für andere Geschöpfe zu bewahren. Und weht der Wind auch noch so rauh, du solltest dich nicht vor der Stimme deiner Seele verschließen. Höre auf dein Herzenstier, es hält das Tor zu deiner Seele immer offen für dich.

Das Orakel der sieben Chakren

Chakren sind Energiezentren des Menschen; Hellsichtige nehmen sie als leuchtende, sich drehende Scheiben oder Räder wahr. Die allgemein übliche Bezeichnung »Chakra« stammt aus dem Hinduismus und bedeutet »Rad«.

Auch das Orakel der sieben Chakren kannst du gut zur Befragung heranziehen, wenn es um einen neuen Lebensabschnitt geht. Es wird im allgemeinen für eine längere Zeit – für mehrere Monate oder Jahre – seine Gültigkeit bewahren, zumindest jedoch so lange, bis du deine Lektion in dem entsprechenden Bereich gelernt hast, und sich deine Lebensumstände zum Besseren gewendet haben. Wenn du deine sieben Helfertiere ermittelt hast, werden sie dir für einen längeren Zeitraum als treue Freunde in den entsprechenden Lebensbereichen zur Verfügung stehen. Die Reihenfolge der Karten entspricht der Reihenfolge der Chakren; alle sieben Karten legst du nebeneinander aus.

1. Chakra Wurzel-chakra	2. Chakra Sexual-chakra	3. Chakra Solar-plexus-chakra	
4. Chakra Herz-chakra	5. Chakra Kehl-kopf-chakra	6. Chakra Stirn-chakra	7. Chakra Kronen-chakra

1. Chakra – das Wurzelchakra

»ICH – Wille zum Sein auf dieser Erde – physische Existenz«
Seine Lage: am Steißbein

Lebensbereiche, die dieses Energiezentrum reguliert:
- Körperlichkeit
- Nahrung
- Arbeit
- Finanzen
- Aufbau einer Existenz
- Gründung einer Familie
- Zeugung von Kindern
- Streben nach Geborgenheit und Sicherheit
- Stabilität

Die Kraft dieser Tiere ist für das Wurzelchakra besonders hilfreich:
Bär – Dachs – Eichhörnchen – Esel – Fuchs – Maulwurf – Maus – Pferd – Ratte – Schwein – Spinne – Stier – Wurm

2. Chakra – das Sexualchakra

»DU – Hinwendung zum anderen Menschen – psychische Existenz«
Seine Lage: am Schambein

Lebensbereiche, die dieses Energiezentrum reguliert:
- Gefühle
- Zwischenmenschliche Beziehungen, Partnerschaft
- Freundeskreis
- Sinnlichkeit
- Lust und Sexualität

- Schöpferische Kräfte
- Spielen

Die Kraft dieser Tiere ist für das Sexualchakra besonders hilfreich:
Bär – Biene – Dachs – Eichhörnchen – Frosch – Hase – Hund – Karpfen – Katze – Maus – Möwe – Pferd – Ratte – Schmetterling – Schwein – Tümmler – Ziege

3. Chakra – das Solarplexuschakra

»WIR – Durchsetzung der eigenen Persönlichkeit«
Seine Lage: über dem Nabel, im Bereich des Solarplexus

Lebensbereiche, die dieses Energiezentrum reguliert:
- Die Ausbildung der eigenen Persönlichkeit
- Die Fähigkeit, sich durchzusetzen
- Die Fähigkeit, nein sagen zu können
- Kraft, Wille, Aktivität, Handlungsbereitschaft
- Leistungsbereitschaft
- Streben nach Anerkennung und Erfolg
- Wachstum, Fülle
- Die eigene Stellung innerhalb der Gesellschaft finden
- Macht

Die Kraft dieser Tiere ist für das Solarplexuschakra besonders hilfreich:
Huhn – Hund – Maus – Pferd – Ratte – Spinne – Steinbock – Widder – Wolf

4. Chakra – das Herzchakra

»WIR – Liebevolles Annehmen des anderen«
Seine Lage: im Herzbereich

Lebensbereiche, die dieses Energiezentrum reguliert:
- Die Fähigkeit, ja sagen zu können
- Die Bereitschaft, sich einzulassen
- Streben nach Harmonie
- Mitgefühl und Hilfsbereitschaft
- Selbstlose Liebe
- Versöhnung
- Heilung

Die Kraft dieser Tiere ist für das Herzchakra besonders hilfreich
Biene – Fledermaus – Hund

5. Chakra – das Kehlkopfchakra

»WIR – Kommunikation – Brücke zwischen Gefühl und Verstand«
Seine Lage: im Halsbereich

Lebensbereiche, die dieses Energiezentrum reguliert:
- Selbstausdruck
- Die Fähigkeit, schöpferischen Kräften Gestalt zu verleihen, z. B. durch Musik, Tanz, Kunst
- Der Wunsch nach Unabhängigkeit und Freiheit
- Wissen
- Inspiration

Die Kraft dieser Tiere ist für das Kehlkopfchakra besonders hilfreich:
Frosch – Libelle – Mauersegler – Pfau – Rabe – Schmetterling

6. Chakra – das Stirnchakra

»Das dritte Auge – Erkenntnis«
Seine Lage: auf der Stirn

Lebensbereiche, die dieses Energiezentrum reguliert:
- Erkennen des eigenen Lebensweges
- Geistige Fähigkeiten
- Phantasie
- Weisheit
- Intuition
- Wahrnehmung feinstofflicher Welten
- Vision
- Manifestation durch Gedankenkraft

Die Kraft dieser Tiere ist für das Stirnchakra besonders hilfreich:
Adler – Eule – Fledermaus – Schlange

7. Chakra – das Kronen- oder Scheitelchakra

»Einswerdung«
Seine Lage: auf dem Kopf

Lebensbereiche, die dieses Energiezentrum reguliert:
- Meditation
- Hingabe
- Stille

- Leere
- Erwachen
- Einswerdung in Gott

Auch für den Bereich des siebten Chakras wirst du freundliche Helfer finden:
Aal – Eule – Hirsch – Schwan – Spinne – Taube

Und was ist mit dem Krebs? Er hilft dir, wenn das 1. *und* das 2. Chakra gleichzeitig betroffen sind.

Es gibt auch noch zwei weitere Möglichkeiten, das Chakra-Orakel zu Rate zu ziehen:

Wenn du in einem der angegebenen Lebensbereiche Schwierigkeiten hast, kannst du dir die Frage stellen, welches Tier dich in diesem Bereich stärken könnte, und eine Karte ziehen.

Oder du sortierst alle Karten mit Tieren, die für das entsprechende Chakra zuständig sind, aus, stellst die gleiche Frage und ziehst dann aus der kleinen Zahl der aussortierten Karten eine heraus.

Die Interpretation

Stürze dich nicht gleich wieder in den Alltagstrubel, wenn du die Botschaft deines Tieres vernommen hast – jetzt fängt die Arbeit erst richtig an! Zuerst solltest du dein Tier besser kennenlernen und hören, was es dir noch alles zu sagen hat. Dazu gibt es viele Möglichkeiten:

- Suche dein Tier in seinem natürlichen Lebensraum auf und beobachte es dort.
- Laß dich auf seine Eigenarten und sein Wesen ein.
- Lies in einem Naturkundebuch nach, um so weitere Informationen zu erhalten.
- Schreib eine Geschichte oder ein Gedicht über dein Tier.
- Male oder zeichne es.
- Tanze dein Tier, rufe es mit seinen Lauten.
- Visualisiere es, stell es dir in deinen Wachträumen vor.
- Achte darauf, ob es nachts in der Traumzeit zu dir kommt.

Aber verliere dich nicht in diesen schönen Unternehmungen. Lausche vielmehr, während du dich ihnen widmest, der Stimme der Intuition. Beginne über die Botschaft deines Tieres nachzudenken und sie auf dein Leben anzuwenden. Das kann manchmal recht anstrengend werden, aber es lohnt sich! Trau dich, deine Erkenntnisse im Leben umzusetzen und in deinem Alltag etwas zu verändern. Schau dir genau an, was passiert, beobachte dich selbst. Schreibe auf, was du erlebst und was sich verbessert. Nimm dir Zeit für dich selbst.

Und noch ein Tip: Wenn du das Orakel befragt hast, kann es immer wieder vorkommen, daß dein erster »Gedankenkommentar« lautet: »Wieso denn ausgerechnet *dieses* Tier? Da muß etwas falsch gelaufen sein, das hat doch *gar nichts* mit mir zu tun!«

Sei dir gewiß: Die Karte, die du gezogen hast, *ist* die richtige. Und je heftiger dein Protest ausfällt, desto mehr bist du an einem wunden Punkt getroffen! Nun setzt aber häufig folgender Mechanismus ein: Die Persönlichkeitsanteile, die für die Entstehung deines Problems zuständig sind, fühlen sich in ihrer Daseinsberechtigung bedroht und setzen sich heftig zur Wehr. Sie werden auch versuchen, jede Veränderung in deinem Leben zu sabotieren. Der oben geschilderte Gedankenkommentar ist ihr erster Protest. Aber diese »Gewohnheitstiere« haben noch viele weitere Möglichkeiten, dafür zu sorgen, daß alles beim alten bleibt:

Du wirst »gar keine Zeit haben«, um dich durch Malen, Schreiben oder Träumen auf dein Tier einzulassen – obwohl du natürlich jede Menge Zeit hast, um stundenlang zu telefonieren oder fernzusehen. Du wirst es selbstverständlich überhaupt nicht nötig haben, deine Erlebnisse aufzuschreiben, weil du sie dir ja ganz leicht auch so merken kannst. Aber sei dir gewiß: Du kannst es nicht, denn die Begegnungen mit der Anderen Welt, dem Reich der Spirits und Krafttiere, sind zumindest am Anfang zart und flüchtig wie ein Traumgespinst. Und manches Mal wirst du feststellen, daß du schon nach kurzer Zeit nicht einmal mehr weißt, welche Karte du gezogen hattest oder welche Frage am Anfang des Orakelns stand.

Wenn das geschieht, sind die »inneren Saboteure« schon heftig am Werk. Ein anderes beliebtes Sabotageprogramm wird dich dazu bringen, die erhaltene Botschaft zu ignorieren und gleich das nächste Orakel zu befragen. Dann wirst du die Krafttier-Karten wieder neu auslegen oder zu einem anderen Orakel überwechseln, etwa dem Tarot oder dem I Ging oder was auch immer. So kann man dann für das Orakel-Legen so viel Zeit aufwenden, daß keine Zeit mehr bleibt, überhaupt noch etwas in die Tat umzusetzen.

Und was kannst du *tun*, um diese Klippen zu überwinden, um wirklich etwas in deinem Leben zu verbessern? *Tu* es einfach: fragen, hören, tun – und aufschreiben, das ist der Weg.

Wie du sinnvoll mit dem Orakel arbeiten kannst

Wenn du über die Orakel-Karten das Tier ermittelt hast, das mit dir arbeiten will, und in deinem Buch die entsprechenden Seiten aufschlägst, findest du zuerst eine Reihe von positiven Affirmationen, z. B. »Ich bin voller Aktivität« beim Eichhörnchen oder »Ich finde meinen Weg« bei unserem Freund, dem Mauersegler. Mit diesen *Affirmationen* kannst du sofort arbeiten: Wähle einfach die für dich zur Zeit passendste aus und mache sie dir zu eigen. Du kannst sie dir aufschreiben und – im wahrsten Sinne des Wortes – »an den Spiegel stecken« und mehrmals am Tag immer wieder laut oder leise vorsagen, bis du sie verinnerlicht hast. Besonders effektiv ist es, sich beim Zubettgehen an die Affirmation zu erinnern und sie bis zum Einschlafen zu wiederholen. So kann sie tief in deine Seele dringen und dort langfristig ihre positive Wirkung entfalten. Wenn du Autogenes Training praktizierst, eignet sie sich natürlich auch hervorragend zur »formelhaften Vorsatzbildung«. Bist du kreativ? Dann male ein Bild dazu, erfinde eine Geschichte oder schreibe ein Gedicht!

Nach der Affirmation findest du eine *Saga*, in der dein Tier dir von sich erzählt. Mit seiner Lebensgeschichte ist mythologisches und historisches Wissen aus vielen Überlieferungen, Märchen und Geschichten verwoben. Wenn du die Saga gelesen hast, wirst du deine Affirmation noch besser verstehen, denn sie ist ja der »Extrakt« aus der

Erzählung deines Tieres – das, was sein Leben ausmacht.

Als drittes erhältst du eine *Botschaft*. Hier wird das, was das Tier weiß, kann, tut und will, auf das menschliche Leben übertragen. Du erfährst, wie du die Kraft dieses Tieres in deinem Alltag nutzen kannst. Deine Vitalität, deine Energie und dein Selbstvertrauen werden so gestärkt.

Jetzt kannst du dich öffnen für die Wahrheiten, die deine Entwicklung in diesem Leben fördern wollen. Die Hinweise unter *Öffne dich* wollen dich auffordern, zu neuen Erkenntnissen zu gelangen und sie in deinem Leben umzusetzen.

Im *Mantra* ist die Essenz der Botschaft deines Tieres in einer ganz kurzen Aussage zusammengefaßt. Dieses Mantra kannst du in deiner Meditation nutzen.

Die 40 Helfertiere

Der Aal

Suche

- Ich lasse mich vom Strom des Lebens tragen.
- Ich schlängele mich überall durch.
- Ich strebe hinaus, um die Welt zu erfahren.
- Ich brauche meine Zeit, um zu reifen.
- Ich gönne mir Zeit für mein Leben.
- Ich kehre zum Urquell zurück.
- Ich weiß, daß das Leben ein ewiger Kreislauf ist.

Die Saga des Aals

»Hier im Sargassomeer, an der Spitze des sagenumwobenen Bermuda-Dreiecks, beginnt unser Leben. Dort, wo unheimliche, unregelmäßig wiederkehrende Stromwirbel alles zu verschlingen drohen, da ist unsere Heimat. Ein inneres Verlangen treibt uns explosionsartig hinaus – durch den Atlantischen Ozean in die salzigen und süßen Gewässer der Kontinente. Sternförmig schwärmen wir aus. Sahen unsere Vorfahren die Küsten von Atlantis? Unsere Suche führt uns in die weite Welt, was werden wir finden?

Während der Wanderschaft wandelte ich mich in Farbe und Gestalt. Nun habe ich die Reife erlangt und mich selbst erkannt. Kommt jetzt die Erfüllung? Ich kehre zum Ursprung zurück.

Ich will nur noch nach Hause!

Mit dieser Pilgerreise beginnt die Sternwanderung der Heimkehr: Aus aller Herren Länder treibt es uns unaufhaltsam an unseren Ursprungsort zurück. Dort werden wir laichen und sterben.«

Botschaft des Aals

Seit Anbeginn deines Lebens bist du immer auf der Suche nach neuen Erkenntnissen, Welten und Weltanschauungen, Ereignissen und Begebenheiten. Und doch kannst du nur das Eine finden, das, was am Ende deiner Entwicklung steht, wenn du dein Karma erlöst hast: Die Erfüllung in Gott, in einer höheren Macht. Mit dem Aal bekommst du den Impuls, dich an deine wahre Heimat zu erinnern. Wo wirst du sie finden?

Der Flußaal hat sich heute in dein Leben geschlängelt – freu dich, denn er will dich schon jetzt an deinen Ursprung erinnern. Wie er darfst du in die weite Welt hinausstreben und sie erforschen. Aber was suchst du eigentlich? Bedarf es wirklich so weiter Wege, um die wahre Heimat zu finden? Liegt sie nicht in dir? Was suchst du in der Welt? Du mußt dich nur erinnern, und du findest wie der Flußaal zurück zum Urquell.

Öffne dich

Wer suchet, der findet.
Suche, doch vergiß darüber das wirklich Wichtige nicht.
Finde deine wahre Heimat, die in dir verborgen ist.
Bleib offen für die Urkraft.
Finde Erlösung, indem du bewußt und positiv lebst.
Warum in die Ferne schweifen, wenn das Gute liegt so nah?

Mantra: Erkenne dich selbst

Der Adler

Höchste Erkenntnis

- Ich atme den Odem des Lebens.
- Ich bin frei.
- Ich sehe alles von einer höheren Warte aus.
- Ich behalte den Überblick.
- Ich sehe vieles voraus.
- Ich kreise meine Probleme ein, bis ich zum Ziel komme.

Die Saga des Adlers

»Meinem Scharfblick entgeht nichts«, weiß der König der Lüfte in seiner ganzen Majestät zu verkünden.

Wenn die goldenen Strahlen der Morgensonne ihn berühren, entfaltet er seine ehrfurchtgebietende Herrlichkeit, schwingt sich dem Zenit entgegen und bietet sich der Sonne an: »Lade mich auf.« Erfüllt von dieser Kraft und vom Wind getragen, umkreist er sein Hoheitsgebiet. Durchdringenden Blickes faßt er sein Ziel ins Auge, Respekt verbreitend rauscht er heran und ergreift es. Niemand wagt ihm entgegenzutreten: »Mein ist das hohe Gebirge, mein ist das Reich der Lüfte.« Und das Echo seines alles durchdringenden Schreis erschüttert dich bis ins Mark.

»Ich bin dem Himmel am nächsten, der höchste

Gipfel ist mein Thron. Ich beflügle und umhülle dich mit der Kraft des Geistes und bringe euch Allvaters Odem zur Erde.«

Botschaft des Adlers

Der Adler will dir den Odem des Lebens bringen. Atme den göttlichen Geist der Luft ein, und sei dir bewußt: Luft ist die feinste Form von Materie und zugleich die lebensnotwendigste – der Träger deiner Lebenskraft. Wenn du wie der Adler durch den Geist der Luft deinen Körper mit Vitalität aufgeladen hast, dann ist der göttliche Geist in dir. Laß dich von der Luft emportragen, und öffne dich für die grenzenlose Weite des Himmels. Wie der Adler kannst du von höchster Warte aus alles überschauen. So wirst du mit Weitsicht vieles voraussehen. Von oben erscheinen Probleme klein und nichtig. Über den Wolken, da wird die Freiheit wohl grenzenlos sein …

Hast du dich aber von der Luft abgeschottet, leidet dein Körper. Hörst du den Schrei des Adlers? Markerschütternd ruft er dir zu: »Paß auf dich auf, Schmerzen des Körpers sind der Schrei nach Sauerstoff und dem göttlichen Geist in ihm. Hast du Schmerzen, dann hast du dich vom göttlichen Geist entfernt.«

Öffne dich

Atme die heilende göttliche Luft.
Öffne deinen Geist für die grenzenlose Weite.
Empfange die Geheimnisse des Himmels.
Achte deine Visionen, und gib ihnen Form und Gestalt.
Adlerauge, sei wachsam!

Mantra: Geist in mir

Der Bär

Mutterglück

- Ich habe Bärenkräfte.
- Als Große Mutter biete ich Geborgenheit und Schutz.
- Ich bin warm und weich, an mich darf man sich anschmiegen.
- Mein Lebensinhalt ist es, andere zu bemuttern.
- Für meine Kinder setze ich mein Leben aufs Spiel.

Die Saga der Bärin

»Friedfertig und scheu führe ich ein Leben in der Stille des dunklen Waldes, in Einsamkeit und Eintracht zusammen mit meinen Kindern«, brummt die große Bärin. »In der Geborgenheit unserer Höhle spüren und genießen die kleinen Bärenkinder meinen mächtigen, kuschelig weichen, warmen Körper, den ich ihnen gern darbiete, denn auch ich schwelge in ihren Liebkosungen, liebe sanfte Berührungen durch kleine Bärentatzen. Mit köstlichen Beeren und süßem Honig stille ich den Bärenhunger meiner kleinen Schleckermäuler. Mit dem ganzen Stolz einer Mutter liege ich beschaulich in der Sonne und beäuge das tolpatschige Spiel der drolligen Kuscheltiere. Sind meine Kleinen nicht süß?

Aber du – dringe nicht in mein friedliches und beschauliches Leben ein! Denn für dich ist meine Umarmung tödlich! Ich bäume mich auf und werde zur furchterregenden Gegnerin, die mit ungeheurer Körperkraft ihre Idylle mutig verteidigt.«

Botschaft der Bärin

Das ganze Leben der Bärin wird von ihrem Mutter-Sein bestimmt. Mutter-Sein bedeutet Glück. Ein hilfloses, zartes Wesen, schutzbedürftig und ganz auf dich angewiesen, läßt die Gefühle deines Herzens erwachen: lieben, ohne etwas zu verlangen, Liebe geben aus reinem Herzen, beschützen wollen, mitempfinden, Gefühle teilen; mit Hinwendung und Einfühlungsvermögen die Bedürfnisse eines anderen Wesens erkennen, das mit dir so innig verbunden ist, daß du es gar nicht als von dir getrennt empfindest. Die Bärenmutter weckt deinen Beschützerinstinkt und lebt dir vor, das Glück im Zusammenleben mit denen zu finden, die du bemuttern kannst. Dir wird warm ums Herz, der lärmende Verstand kommt zur Ruhe und schweigt still. Bedenke aber: Zuviel des Guten kann den anderen erdrücken. Wenn er zu fest umarmt, umklammert wird, kann er seine eigene Individualität nicht mehr entwickeln. Entfalte ein feines Empfinden dafür, wer welches Maß an Liebe braucht und annehmen kann. Bemuttern ja – doch allzuviel ist ungesund, du mußt den anderen auch loslassen können wie die Bärin, die ihre halbwüchsigen Kinder eigene Wege gehen läßt.

Öffne dich

Drücke andere an dein Herz.
Laß dir warm ums Herz werden.
Öffne dein Herz.
Du darfst andere bemuttern.
Empfinde echte Liebe.

Mantra: Umarmen – loslassen

Die Biene

Fleiß

- Ich bin fleißig und konzentriere mich auf das Nützliche.
- Ich erfülle meine Pflicht.
- Ich wachse an meinen Aufgaben.
- Ich füge mich in die Gesellschaft ein.
- Ich achte die Gesetze meines Staates.
- Ich diene bereitwillig einem höheren Zweck.
- Mein innerer Antrieb gibt mir die Energie für ein facettenreiches Leben.

Die Saga der Biene

»Ich bin die Femme Fatale«, verkündet die junge Königin aus ihren mit Köstlichkeiten angefüllten Gemächern. »Aber jetzt ist Mai. Ich beginne, meine Bestimmung und meine Pflicht zu erfüllen. Zum Hochzeitsflug bereit, erwähle ich aus dem Schwarm der tausend Drohnen den einen, der mir den Liebesdienst erweisen soll. Tragisch wird er im Rausch seinen Todesstoß begehen.

Leben und Tod gehören für uns zusammen. Nach der Hochzeit schwärmen die Immen aus. Auf zur Drohnenschlacht! Der Staat muß funktionieren, für

Liebesdiener ist kein Platz. Ich speziell bin zuständig für den Fortbestand meiner Art.«

Selbstlos werden die Arbeitsbienen jetzt ihren Dienst versehen. Sie summen ein anderes Lied: »Fleißig sein bringt vieles ein. Sum – ich bin – summ – Ich Bien: Ich, die Biene, bin ein geschlechtsloses Wesen, habe die Liebe nie selbst erfahren, sorge dennoch unentwegt für Fruchtbarkeit. Ich bin die Geburtshelferin der Natur, und sie hilft uns symbiotisch bei der Entwicklung neuer Generationen und junger Königinnen. Ich bin diejenige, die die Aufzucht des facettenreichen neuen Lebens im Bienenstaat gewährleistet. Reinheit und Ordnung sorgen dafür, daß der süße Honig, der Nektar der Götter, fließen und neue Energie spenden kann.

Wollt ihr euch uns nähern, dann gebt acht: Um die Süße zu erreichen, müßt ihr durch den Schmerz gehen. Wir stechen, darauf könnt ihr Gift nehmen – Gift, das euch anstachelt, elektrisiert und belebt.«

Botschaft der Biene

Mit der Biene bekommst du die Botschaft, dich aus innerem Antrieb in ein facettenreiches Leben mit ständig wechselnden Aufgaben und immer neuen Pflichten einzufügen. Du übernimmst mehr und mehr Verantwortung, und gleichzeitig erweitert sich dein Lebensbereich. Auch die jungen Bienen arbeiten zuerst im Bienenstock, versehen dann ihren Dienst als Wächterinnen am Flugloch und dürfen erst später hinaus in die weite Welt. Bis zum Ende ihres arbeitsreichen Lebens dienen sie dem Wohl des komplexen Gemeinschaftslebens. Die Biene sagt dir heute, daß auch du bereitwillig einem höheren Zweck dienen sollst, auch wenn du den übergeordneten großen Zusammenhang vielleicht nicht erkennst. Frag nicht lange, sei fleißig. Deine Arbeit, dein persönlicher Einsatz, trägt dazu bei, daß die Gemeinschaft, in der du lebst, funktioniert. Vielleicht bekommst du nur einen geringen oder gar keinen Lohn für deine Mühe. Die Biene sagt: »Mach es einfach, folge deinem inneren Antrieb und tu es!« Alles, was der Mensch tut, dient letztlich einem höheren Plan.

Öffne dich

Wenn du der Kraft deines inneren Antriebs folgst, wirst du viel erreichen.
Akzeptiere, daß du, um das süße Leben zu erlangen, auch in den sauren Apfel harter Arbeit beißen mußt.
Laß deine Arbeit fruchtbar werden für andere Menschen.
Erfreue dich an Ordnung und Reinheit.
Wisse, daß du leben wirst: Jeder Tod ist Leben, jedes Leben Tod.

Mantra: Ich bin

Der Dachs

Zusammengehörigkeit

- Ich lebe gern in meinem Klan.
- Ich wohne mit jung und alt friedlich und harmonisch zusammen.
- Ich bin bereit zum spielerischen Miteinander.
- Ich achte mein Erbe und vermehre es.
- Ich pflege das schöne Heim, an dem ich mich erfreue.
- Ich genieße den Schutz der Gemeinschaft.
- Mutig verteidige ich unser Reich.

Die Saga des Dachses

»My home is my castle«, mit diesen Worten stolziert Meister Grimbart an dir vorbei. »Von Generation zu Generation wird unsere Tradition fortgeführt. Im Schoß meiner Familie sind mir Rückhalt und Geborgenheit sicher. Wir lieben unser gemütliches Haus; ein Labyrinth verbindet die vielen mit Moos ausgepolsterten Kammern. Wir putzen und pflegen es, tragen unser Bettzeug zum Lüften nach draußen. Ein raffiniertes Ventilationssystem sorgt für frische Luft. Wir haben ein tolles Klima da unten! Wir bauen an und bauen um, draußen legen wir die schönsten Spielplätze an, toben und balgen wie echte Frechdachse dort herum. Aber laßt euch nicht täuschen! Mutig verteidigen wir unsere Welt und gehen dabei bis zum Äußersten.

Überschreite unsere Grenzen nicht, sie sind durch unseren Duft gut markiert. Wir leben eben gern in unserem eigenen Dunstkreis.«

Botschaft des Dachses

Dachskraft verbindet dich mit deiner ganzen Familie, mit deinen Verwandten, Vorfahren, Ahnen. Deine Sippe und dein Klan bilden mit allen dazugehörigen Menschen und all ihren Besitztümern ein starkes Beziehungsnetz, das dir Sicherheit und Rückhalt gewährt. Der Dachs möchte dich heute daran erinnern, mit diesen Menschen, die dir so nahestehen, in gutem Einvernehmen zu leben und mit Alten und Jungen gut auszukommen.

Öffne dich

Achte deine Traditionen.
Beschäftige dich mit deiner Herkunft, deinen Wurzeln, um dich selbst besser kennenzulernen.
Erkenne deine Ahnen und den Geist deiner Familie als deine Heimat.
Biete deinen Familienangehörigen Rückhalt, und laß ihnen auch ihre Freiheit.
Sieh das Leben als Möglichkeit, dich spielerisch zu entfalten.

Mantra: Miteinander leben – miteinander spielen

Das Eichhörnchen

Geschäftigkeit

- Ich bin voller Aktivität.
- Ich bin flink.
- Ich gebe und nehme.
- Ich sammle in der Zeit und habe in der Not.
- Ich werde mit jedem Problem fertig: Ich knacke jede Nuß.
- Ich bin gern gesellig.

Die Saga des Eichhörnchens

»Flink wie der Wind husche ich in die Bäume, klettere hinauf und hinunter und hüpfe von Ast zu Ast. Flitzefroh erreiche ich jedes Ziel«, sprudelt das Eichhörnchen emsig hervor und ist sogleich wieder davongesprungen. Von fern hören wir es vergnügt mit seinen Artgenossen quietschen. Mit seinem buschigen Schwanz funkt es die neuesten Nachrichten durch den Wald.

»Aktiv, kommunikativ, geschäftig – ich bin der geborene Sammler. Spritzig, begeistert verstecke ich meine Schätze. Selbstverständlich darf jeder davon naschen, wer suchet, der findet! Ich knacke jedes Nüßchen, geschwind und wendig. Neugierig will ich zum Kern der Sache.«

Botschaft des Eichhörnchens

Das Eichhörnchen unterstützt dich gern, wenn du aktiv und geschäftig bist oder es zumindest werden möchtest. So wie dieses liebenswerte Tier in Windeseile den höchsten Baum hinaufflitzt, kannst auch du deine hochgesteckten Ziele erreichen. Wie das Eichhörnchen aber immer wieder auf die Erde herunterkommt, solltest auch du deine Erdung nicht verlieren. Mit der Eichhörnchenkraft »Hoch hinauf und schnell herunter« kannst du den Himmel auf die Erde holen.

Das Eichhörnchen lehrt dich aber auch, wie du in Fülle leben kannst: Emsig sammelt es seine Nüßlein und verwahrt sie hier und dort. Wenn dann der Hunger kommt, nimmt es, was es kriegen kann. Ob es die eigenen Vorräte sind oder die der anderen, wen kümmert's? Mit der Kraft des Eichhörnchens kannst du begeistert Schätze sammeln – aber nicht, um sie eifersüchtig zu horten und nur für dich zu behalten, sondern um sie allen zugute kommen zu lassen.

Wenn du wie das Eichhörnchen in einer Welt des regen Austauschs lebst, dann gibst du offenherzig, was du hast, und nimmst freudig an, was du bekommst. So wird immer für dich gesorgt sein. Dieses System funktioniert so gut, weil du aktiv daran mitarbeitest. Wo jeder arbeitet, die Früchte seiner Arbeit teilt und auch mit Freude annehmen kann, da sind Bewegung, Leben, Geselligkeit.

Öffne dich

Schätze die materiellen Werte und die Sicherheit, die sie bieten können.

Laß dich von Problemen nicht abschrecken, gehe ihnen auf den Grund.

Versuche, deine Ziele zu erreichen.

Pflege die Kommunikation mit deinen Mitmenschen.

Mantra: Aktiv – gesellig – geschäftig

Der Esel

Geduld

- Ich trage bereitwillig eines anderen Last.
- Ich bin bereit, auch Schweres zu tragen.
- Ich bin bereit, vieles zu ertragen.
- Meine Ansprüche sind sehr gering.
- Ich komme auch auf steilen Wegen und steinigen Pfaden gut zurecht.
- Ich erdulde vieles.
- Wenn es zuviel wird, verweigere ich die Mitarbeit.
- Ich kann sehr gut nein sagen.

Die Saga des Esels

»I-A« – hörst du den heiseren Ruf des alten Esels? »I-A« – weißt du, was dieser Laut bedeutet? In den fernen Ländern, aus denen die Vorfahren unseres Esels stammen, im arabischen Raum, ist dieses heilige Wort einer der vielen Namen Gottes. Und nun ruft das brave Tier laut schallend nach seinem Schöpfer, damit es sein Schicksal hier auf dieser Erde besser ertragen kann.

»Wer ist so hart im Nehmen wie der Esel?« fragt das Grautier. »Wer begleitet euch seit biblischen Zeiten überall auf der Welt, wohin ihr auch wollt? Auf schmalen Stegen, steinigen Wegen, in der Hitze der Wüste, im rauhen Gebirgsfels: Überall schwankende Lasten – wie schwebend über dünnen Beinen –, schmale Rücken, schlecht behandelt, viel geschmäht. Und doch willig, genügsam, zufrieden selbst mit karger Kost.« Jeder Esel ist eben ein Arbeitstier, und das schwere Kreuz, das er ein Leben lang tragen muß, ist sogar schon auf seinem Rücken eingezeichnet. »Doch haltet mich nicht für gänzlich dumm: Ich kenne meine Grenzen und höre auf meinen Selbsterhaltungstrieb. Ich weiß sehr gut, wann es Zeit ist aufzuhören. Wenn es mir zuviel wird und mir der Geduldsfaden reißt, dann ist Schluß. Stur und bockig verweigere ich einfach meine Arbeit. Nichts und niemand kann mich dann noch von der Stelle bewegen.«

Botschaft des Esels

Der Esel segnet dich mit der Kraft der Geduld – lerne mit seiner Hilfe, Duldsamkeit zu entwickeln. Mit Eselskraft brauchst du für dich selbst nur sehr wenig und bist bereit, vieles zu geben. Du bist gewillt, für andere zu arbeiten und ihnen ihre Bürde abzunehmen. Doch laß dir nicht zuviel auf den Buckel laden oder dich bis zur Erschöpfung antreiben. Wenn du die Eselskarte gezogen hast, dann bist du geneigt, immer weiter und weiter zu schuften und dich zu schinden, auch wenn du eigentlich schon nicht mehr kannst. Lerne vom Esel zu erkennen, wann es Zeit ist aufzuhören. Laß dich nicht bis zum Geht-nicht-Mehr knechten. Traue dich, zur rechten Zeit nein zu sagen – ehe du zerbrichst.

Öffne dich

Sei bescheiden in deinen Ansprüchen.
Entwickle die Tugend der Geduld.
Nimm steinige Wege leicht.
Sei bereit, auch Schweres zu ertragen, ohne zu klagen.
Sei bereit, anderen dabei zu helfen, ihr Päckchen zu tragen.
Erkenne deine Grenzen und weigere dich, wenn es dir zuviel wird.

Mantra: Geduld – Geduld – Geduld

Die Eule

Weisheit

- Ich sehe alles.
- Ich höre alles.
- Ich weiß alles.

Die Saga der Eule

»Totenstill ist die Nacht, lautlos wie ein Geist schwebe ich herbei: HU HU HU, mein Schrei läßt deinen Atem stocken. Ich, die Herrscherin der Dunkelheit, die Eule, durchdringe mit meinen riesigen Augen die Finsternis: Ich sehe dich, beobachte dich im geheimen. Ich höre dich, belausche dich aus dem Verborgenen. Deine Gegenwart entgeht mir nicht, ich finde dich.

Ich betrachte dich in aller Ruhe aus hohlen Bäumen, dunklen Ruinen und Kirchtürmen – du merkst nicht, daß du den Geist schon im Nacken hast. Blitzschnell schlage ich zu. Ehe du mich bemerkst, habe ich schon dein Leben durchdrungen. Nichts bleibt mir verborgen. Geheimnisse hat man vor mir nicht.«

Botschaft der Eule

Die Eule beobachtet dich mit ihren großen Augen schweigend aus der Dunkelheit: Vor dir verborgen nimmt sie dich wahr. Wer alles sieht und alles hört, der weiß alles. Wer alles weiß, kann weise sein. Eulenkraft hilft dir, mit scharfen Sinnen alles zu durchdringen. Wie dieser Vogel der Nacht solltest du dabei auch die dunkle Seite deiner Natur nicht scheuen. Erst wenn du die Schattenseiten betrachten kannst, wirst du den wahren Schatz der Erkenntnis finden, der dir jetzt noch verborgen ist. Die Eule fordert dich dazu auf mit ihrem Ruf: »HU!« Weißt du, was dieser Laut bedeutet? Im Sufismus ist »HU« einer der Namen Gottes, den du instinktiv ausrufst, wenn dich etwas in der Dunkelheit erschreckt.

Öffne dich

Erforsche auch die dunklen Seiten deines Wesens.
Gehe in die Stille, dann werden dir Geheimnisse offenbart.
Lerne zu schweigen, auch wenn es dir schwerfällt.
Entwickle deine Hellsichtigkeit.
Entwickle deine Hellhörigkeit.
Werde weise.

Mantra: Wissen und schweigen

Die Fledermaus

Verloren sein

- Ich habe eine perfekte Orientierung.
- Ich will höher schwingende Ebenen erreichen.
- Ich bin mitverantwortlich für die Schöpfung.

Die Saga der Fledermaus

»Wie ein Wesen aus einer anderen Welt hänge ich, die Fledermaus, am Tag schlafend kopfüber in totenstillen, modrigen Gemäuern und dunklen, feuchten Höhlen. Eingehüllt in meinen Flugumhang meide ich die Berührung mit den blendenden Sonnenstrahlen. Ich bin ein Nachtschwärmer, der das Tageslicht und die bunten Farben der Welt nicht kennt. Erst abends in der Dämmerung erwache ich, laß mich in eure Welt fallen. Bei jedem Flug geht es um Leben und Sterben – auch für mich: Mißglückt er, und ich stürze nieder, bin ich fast dem Tod geweiht. Kaum kann ich die Erdenschwere überwinden, um wieder aufzuflattern. Als Angehöriger einer hochfrequent schwingenden Welt gehöre ich eigentlich nicht hierher. Ich kam, um eine besondere Aufgabe und zugleich schwere Bürde zu übernehmen, als Mitverantwortlicher an der Schöpfung lehre ich euch das erste Gebot: das Beten.

In eurer Phantasie habt ihr mich zum Herrn der

Finsternis gemacht, mein Erscheinen als Vampir in der Düsternis der schwarzen Nacht entfesselt Faszination, Angst und Schrecken. Je dunkler euer Gestalt, je finsterer eure Seele, je unerleuchteter euer Geist – desto besser kann ich euch finden, denn Licht würde mich abschrecken. Nehmt das Kreuz des Herrn, um mich abzuwehren, betet! Im Beten hört ihr euer eigenes Wort, überlegt euch gut, was ihr sagt. Wie ich, die ich das Echo meines ständigen Zwiegesprächs höre. Das, was bei euch verlacht wird, bietet mir die perfekte Orientierung. Ich folge meiner eigenen Stimme, der hohen, der inneren, die mir stets den richtigen Weg weist, weil mir diese eure Welt verdreht erscheint.«

Botschaft der Fledermaus

Zur Zeit erscheint dir die Welt verdreht – wie auf den Kopf gestellt. Ist dein Tag zur Nacht geworden, vernimmst du das Unhörbare, hast du ein Gefühl der Realitätsferne, erscheint dir die Welt schemenhaft? Was du erlebst, macht dir Angst. Überprüfe dein Gefühl, erforsche deine Angst, suche nach dem Grund. Du kannst sie überwinden: Gefahr erkannt, Gefahr gebannt! Ein einfaches Mittel steht dir immer zur Verfügung, gerade jetzt kann es dir helfen: das Beten. Das Auftauchen der Fledermaus weist dich auf deine negativen Seiten hin, mache sie dir bewußt. Das Gebet läßt die göttliche Kraft wieder in deine Seele fließen, und es wird Licht in ihr. Deine dunklen Anteile können Erlösung finden. Jetzt kannst du die Angst loslassen. Die Fledermaus fordert dich auf, aufzuwachen und etwas zu tun. Aus allem kann man lernen – ganz besonders aus dem Negativen. Wer die Dunkelheit nicht kennt, kennt auch das wahre Licht nicht und kann es nicht würdigen.

Für die Fledermaus erscheint unsere Welt verkehrt. Deshalb ist gerade ihre Kraft so gut geeignet, dir zu helfen, deine auf dem Kopf stehende Welt wieder herumzudrehen.

Öffne dich

Deine Seele ist in Aufruhr.
Du bist auf dem falschen Weg, kehre um und erkenne.
Gib nicht jeder Versuchung nach.
Wenn du deine Schattenseiten angenommen hast, kann dir die Dunkelheit nichts mehr anhaben.
Vergib, und dir wird vergeben.
Du kannst wieder nach oben kommen, wenn du nur willst.
Gib die Hoffnung nicht auf.

Mantra: Umdrehen – Vergebung erflehen

Der Frosch

Entwicklung

- Ich bin äußerst entwicklungsfähig.
- Ich werde von Jahr zu Jahr reifer.
- Ich erkenne, daß jedes Lebensalter seine Vorzüge hat.
- Ich akzeptiere Lust und Liebe.

Die Saga des Frosches

»Manchmal erinnere ich mich an meine Nacktfrosch-Zeit. Vom Kaulquappen-Baby entwickelte ich mich weiter bis hin zum Landbewohner. Von der Kiemen- zur Lungenatmung durchlief ich eine dramatische Metamorphose. Sichtbar für alle wiederholte und vollführte ich damals das Schauspiel der Evolution, schrittweise durchlief ich mein Werden bis hin zur Vollendung.

Mein Drang nach neuem Raum erlaubt mir das Leben in drei Elementen: Von der Erde gelange ich mit einem Luftsprung in das Wasser.

Im Wonnemonat Mai beginnt auf der Wies'n unser heiteres Frühlings- und Sommertreiben mit viel Lust und viel Lärm. Von Leidenschaft getrieben, tönt der Männerchor aus voller Kehle: ›Sei kein Frosch, sei kein Frosch‹, das ist unser Lied. Hat mich eine

Braut erwählt, werde ich von ihrer weiblichen Kraft getragen. In innigster Umarmung lassen wir unseren Gefühlen freien Lauf. So machen es die Froschkönige.«

Botschaft des Frosches

Der Wasserfrosch stärkt dich mit der Kraft der Elemente: Er treibt im erfrischenden, reinigenden Wasser des Lebens, die Erde nutzt er als Sprungbrett, um in die Luft und damit hoch hinaus zu gelangen. Er erfährt und genießt die Luft als Freiraum, die Erde als Schutz, das Wasser als Urquell allen Lebens. Um sich die Kraft der drei Elemente zu erobern, hat er eine gewaltige Entwicklung durchlaufen. Der Frosch fragt dich, wie weit dein eigenes Wachstum vorangeschritten ist. Kannst du wie er schon große Sprünge machen? Die Froschkraft verleiht dir den Mut, dich weiterzuentwickeln, um so schließlich deinen Reifungsprozeß zu vollenden.

Oder willst du etwa auf der Stelle treten, stehenbleiben, weil dir das Erreichte schon genügt? Der Frosch sagt dazu nur: »Quak!«

Wie er mußt du zuerst eine lange Phase des Wachstums und tiefgreifender Veränderungen durchlaufen. Mach dir die Erfahrungen der bereits zurückliegenden Stadien bewußt, und integriere sie in dein Leben, so wirst du zur Vollendung gelangen. Jetzt darfst auch du vergnügt alle Vorzüge des Lebens genießen.

Öffne dich

Wenn du jung bist, nimm deine stürmische Entwicklung an.

Entwickle dich immer weiter, und bewahre die bereits hinter dir liegenden Erfahrungen als kostbaren Schatz.

Akzeptiere, daß eine lange Zeit notwendig sein kann, um zur Reife zu gelangen.

Freue dich auf die Zeit der Liebe.

Bleibe dein ganzes Leben lang offen für neue Lebensräume.

Mantra: Aus der Tiefe in die Höhe

Der Fuchs

Sicherheit

- Ich passe mich den Anforderungen dieser Welt an.
- Ich überlege, bevor ich handle.
- Ich tue nur das, was meinen Fähigkeiten entspricht.
- Mein Erfindungsreichtum ist groß.
- Ich beherrsche mich selbst.

Die Saga des Fuchses

»Meine eigene Sicherheit geht mir über alles«, grinst Reineke Fuchs. »Heimlich schleiche ich mich im Schutz der Dämmerung heran wie ein Dieb in der Nacht, um euch zu bestehlen. Doch es fuchst mich, wenn ich Lunte rieche – meine Selbstbeherrschung ist perfekt, und sogar den schönsten Braten lasse ich dann links liegen. Seid ihr Menschen aber nachlässig und unaufmerksam, verwandelt sich meine Vorsicht in maßlos dreiste Frechheit. Ich spaziere mitten in den Hühnerstall hinein, und schamlos schreite ich hocherhobenen Hauptes mit meiner Beute von dannen. Ist die Gelegenheit jedoch ungünstig, warte ich nicht, bis ich schwarz werde – ich vertraue auf eine spätere bessere Chance. Flexibel finde ich für jede Situation eine schlaue Lösung.

Listig, wie ich bin, habe ich auch das Wohnungsproblem ganz ausgefuchst gelöst und mir als Hausbesetzer die schöne, tiefverzweigte Höhle des Dachses unter den Nagel gerissen.«

Botschaft des Fuchses

Wenn du die Kraft des Fuchses integrierst, wirst du das Vertrauen in deine eigenen Fähigkeiten enorm stärken. Du weißt genau, was du kannst, und wägst deine Möglichkeiten gewieft und clever ab. Du witterst jede Chance, ergreifst sie aber nicht blindlings, sondern überlegst erst, bevor du handelst. Erscheint dir ein Vorhaben zu schwierig oder zu gefährlich, läßt du es fallen. Manchmal ist es besser, auf etwas zu verzichten, auch wenn man es noch so gern haben möchte. Der Fuchs lehrt dich, taktisch klug vorzugehen, um Gefahren zu vermeiden. Wer so schlau und überlegen handelt wie er, wird nicht so leicht in eine Falle tappen. Ergibt sich aber eine günstige Gelegenheit, und du weißt, daß du der Herausforderung voll gewachsen bist, dann wirst du wie der findige Fuchs deine Chance geschickt ergreifen: in aller Ruhe und Gelassenheit. Dein Selbstvertrauen gibt dir Sicherheit – du bekommst, was du haben willst.

Öffne dich

Sei schlau wie ein Fuchs.
Reagiere auf alles flexibel.
Erwäge deine Fähigkeiten und Möglichkeiten.
Nimm deine Chancen wahr.
Sei nicht zu gierig, laß auch die Vorsicht nicht außer acht.

Mantra: Schlau – ich mir selbst vertrau

Der Hase

Fruchtbarkeit

- Ich bin fruchtbar.
- Ich trickse meine Feinde aus.
- Ich bin kindlich naiv.
- Ich weiß, daß ich nichts weiß.
- Ich mache mir keine Gedanken über den Tod.

Die Saga des Hasen

»Mein Name ist Hase, ich weiß von nichts.« Den ganzen Tag liegt das Häschen in seiner Grube – kindlich naiv und sorglos schläft es, ohne um seine Sicherheit zu bangen. »Was ich nicht sehe, stört mich nicht. Tauchen meine vielen argen Feinde auf, werde ich sie schon austricksen! Ich vertraue meiner Schnelligkeit und meinem hakenschlagenden Geschick, um mich der ständigen Verfolgung zu entziehen.

Meine fortpflanzungsfreudige Sippschaft wird von euch einmal im Jahr verehrt – zu Ostern. Das verdanken wir der fruchtbringenden Frühlingsgöttin Ostara, die das blühende Leben verkörpert. Wie du ja auch aus den Mythen der Germanen weißt, hat sie uns zu ihren Lieblingen erwählt. Jetzt, wo alles neu beginnt, wiederauflebt und ins Leben zurückkehrt, toben wir, die Märzhasen, im Rausch der frisch erwachten

Lebensgeister in jugendlichem Leichtsinn herum – für euch wunderliche Possen, für uns das Fruchtbarkeitsritual. Im Osterfest wird der Tod überwunden: Christus ist auferstanden. Durch ihn wurden dem Leben nach dem Leben Tür und Tor geöffnet. Ein Neubeginn in einer anderen Welt, in Anderland: Frühling für deine Seele!«

Botschaft des Hasen

Der Hase ist in dein Leben gehüpft, freu dich, denn er erinnert dich an deinen Frühling, deine Jugend, als du noch unschuldig warst und in deiner Naivität vom Bösen in dieser Welt nichts wußtest. Wenn du nichts von der Hölle weißt, kannst du auch nicht darin landen. Selbst wenn Fuchs oder Jäger kommen – der Hase bleibt auf dem Feld sitzen und wartet ab. Er denkt sich nichts Böses. Wer nichts Böses denkt, keine schlechten Gedanken hat, sät auch nichts Schlechtes. Bedenke: Die Früchte deines Lebens wirst du als »alter Hase« einmal ernten. Damit du keine Angst vor der Ernte haben mußt, solltest du in Unschuld leben wie der Hase.

Öffne dich

Folge deiner Natur und deinen Empfindungen, schau einfach zu, wie der Hase läuft.
Gönne deinen Lebensgeistern ein fröhliches Frühlingstänzchen.
Bewahre dir deine frühlingshafte Jugendlichkeit.
Mach dir um deine Zukunft keine Sorgen.

Mantra: Fruchtbares Frühlingserwachen

Der Hirsch

Geweihter

- Ich bin geweiht.
- Ich bin auserwählt.
- Ich bin heilig.
- Ich lebe in Frieden.
- Ich wittere die Gefahr.

Die Saga des Hirsches

Leichtfüßig, gleichsam schwebend, schreitet der Hirsch, der Geweihte, daher: »Im Königsforst werde ich gehegt und gepflegt. Ich bin das gekrönte Haupt im dunklen Tann, als geweihtes Tier bewahre ich alle Erfahrungen des Waldes in meinem Wesen. Schon hier auf Erden darf ich die Krone tragen, deshalb erwählte mich die Göttin Diana zu ihrem Liebling. Mein Geweih ist wie ein offener Kelch, immer bereit zu empfangen.

Ich äse das frische Grün und lebe mit den anderen Tieren des Waldes in Frieden zusammen. Du aber bleibe mir fern – faß mich nicht an, denn ich bin heilig. Ich bin der Schönste und Größte, trage das reichste Geweih als kapitaler Hirsch. Hörst du meinen brünftigen Schrei, mein Röhren im Abendrot? Wo sind meine anmutigen, scheuen Rehe mit den sanftmütigen Augen? Ihr Herz werde ich mir erkämpfen, wenn ich mit den anderen Hirschen meine Kräfte messe. Denn ich bin es, der dazu auserkoren ist, eine neue Generation göttlicher Kinder in die Welt zu rufen, heilige, reine Wesen, die du nicht berühren darfst.«

Botschaft des Hirsches

Mit dem Hirsch ist dir heute ein reines Wesen des Waldes erschienen. Er lebt in der ursprünglichen Natur in Frieden und Einklang mit Tieren und Pflanzen und meidet den Menschen, um seine Unschuld zu bewahren.

Willst du die Hirschkraft erfahren, geh allein in den Wald, atme seine Atmosphäre, lausche dem Rauschen des Windes in den Wipfeln, dem Zwitschern der Vögel, höre das Knistern und Knacken der Äste und Zweige unter deinen Schritten, betrachte die sonnenflimmernde Lichtung, genieße das Abendrot. Hier in der Natur kannst du die ursprüngliche Schönheit der Schöpfung noch unverfälscht erleben. Der Hirsch hat sich über Jahrtausende nicht aus seinem Naturreich vertreiben lassen und die Menschen immer gemieden. So konnte er sich seine Reinheit bewahren. Willst auch du mit einer höheren Macht in Verbindung treten, dann schaffe dir einen Platz, wo du deine Weihe empfangen kannst, einen heiligen Ort, einen Kraftplatz. Dort, in Abgeschiedenheit von der Welt, wirst du die Ruhe finden, die der Hirsch im Walde hat. Fahre dort deine »Antennen« aus, um dich nach oben zu öffnen – der Hirsch macht es dir mit seinem Geweih vor.

Er will dir helfen, dich an unsere schöne Natur zu erinnern. Überlege einmal, ob du dich vielleicht zu weit von der Natur und der ihr innewohnenden

Schöpferkraft entfernt hast. Hast du dich in Geschäftigkeit und Geselligkeit gestürzt, hast du Feten, Action, jede Art von Trubel gesucht, um dich von dir selbst abzulenken, um bloß nicht in dich selbst hineinhorchen zu müssen?

Natürlich nützt es nichts, wenn du den sprichwörtlich gewordenen röhrenden Hirsch über dein Sofa hängst wie ein Heiligenbild. Damit kannst du dir die Reinheit seines Wesens nicht ins Haus holen.

Wenn du wirklich Zugang zu einer höheren Ebene, einer anderen Dimension, finden möchtest, führt der Weg über das Alleinsein mit deiner Natur in Andacht und Stille.

Öffne dich

Bewahre dir den richtigen Riecher für Gut und Böse.
Schaffe dir einen Platz, an dem du mit dir im Einklang bist.
Lerne deine wahre Natur kennen.
Richte deine Aufmerksamkeit auf die Energien, die dir von oben zuströmen möchten.
Sei offen für die Wunder der Natur.
Achte die Schöpferkräfte, die sich natürlich entfalten.

Mantra: Werde ein Geweihter

Das Huhn

Dienen

- Ich erweise Ehre, wem Ehre gebührt.
- Ich füge mich in die Gemeinschaft ein.
- Ich bin bereit zu verzeihen.
- Ich gebe, ohne zu fordern.
- Ich lasse die mütterliche Kraft der Erde durch meine Füße einströmen.
- Meine Fruchtbarkeit ist unermeßlich.

Die Saga des Huhns

»Ich bin das liebe Federvieh«, gackert das Huhn aufgeregt. »Nur zu einem Zweck bin ich auf dieser Erde: um den Menschen zu dienen mit meinem ganzen Sein, mit meinem Körper, meinem Federkleid und meiner Brut. Alles wird mir genommen, kein anderes Tier wird so unerbittlich verfolgt wie ich. Kein Wunder, daß ich so aufgeschreckt bin, denn die Räuber sitzen mir immer im Nacken. Demütig blicke ich zu Boden. Bei jedem Schritt – tuck – duck ich mich – tuck. Auch unter dem Hahn und meinen zahlreichen Schwestern, Tanten, allen Verwandten. Ein Hofstaat mit einer festen Hackordnung und einer besonderen Geste: dem Kratzfuß. Wenn ich mit meinen kräftigen Füßen auf Mutter Erde scharre, mache ich sie auf mich aufmerksam, um sie zu bitten, mir ihre Kraft zu geben, damit ich dieses Leben erdulden kann.«

Botschaft des Huhns

Das Huhn sagt dir, daß es jetzt Zeit für dich ist, deinen Platz zu finden und dich in eine Gemeinschaft einzufügen. Bei aller Fügsamkeit solltest du jedoch nicht kopflos werden oder dir so zusetzen lassen, daß du herumrennst wie ein aufgescheuchtes Huhn.

Schau dir einmal genau an, wo du lebst und arbeitest. Bist du in ein System eingebunden, in dem eine bestimmte Rangordnung herrscht? Vielleicht gibt es sogar eine Hackordnung? Das Krafttier Huhn schenkt dir die notwendige Geduld, um ein solches System zu ertragen.

Für die Zukunft magst du überlegen, ob du etwas ändern willst. Versuche doch einmal, Frust, den du »von oben« abbekommen hast, nicht »nach unten« weiterzugeben. Wie fühlst du dich dann? Vielleicht durchschaust du das System, in dem du lebst, auch nicht. Das ist nicht weiter schlimm: Auch wenn du es nicht weißt, dienst du doch dem großen Ganzen.

Öffne dich

Diene dem Wohl der Menschheit.
Fühle dich mit deinen Mitmenschen verbunden.
Akzeptiere andere Meinungen.
Werde dir deiner Ängste bewußt.
Verbinde dich mit der Erde.
Schenke deiner Lebenszeit Beachtung, denn sie ist begrenzt.

Mantra: Dienen – Demut – Fruchtbarkeit

Der Hund

Freundschaft

- Ich liebe meinen Herrn.
- Ich halte mich an die Gesetze.
- Ich kann mich ein- und unterordnen.
- Ich halte treu zu den Meinen.
- Ich bin zuverlässig.
- Ich schütze, was mir anvertraut ist.
- Ich habe Zugang zur Welt der Gefühle.

Die Saga des Hundes

»Ich bin der Wächter an der Schwelle«, knurrt der Hund. »Ich lasse nicht jeden in mein Reich, wachsam beschütze ich alles, was mir lieb und anvertraut ist. Ich bin des Menschen treuster Freund. Mein Mensch ist mein Herr, nach seinen Wünschen wurde ich geschaffen. So diene ich ihm bedingungslos, um ihm zu gefallen, und dankbar ordne ich mich seinem Willen unter. Freiwillig füge ich mich in mein Schicksal, lasse mich erniedrigen und erhöhen, bin Statussymbol und Kuscheltier. Retten, Bergen, Schützen – was willst du, das ich tue? Suchen, Führen, Hüten?

Ich warte auf den passenden Herrn. Der wird bekommen, was er braucht: den Spiegel seiner

Gefühle. Mit meinen treuen Hundeaugen erweiche ich sein Herz und dringe in seine Seele ein. So helfe ich ihm, Verschüttetes und Verborgenes freizulegen.

Hörst du, wie ich den silbernen Vollmond beschwöre? Ich bin wach – und ich wache über dich, während du im Schlaf deine verborgenen Seelenwelten betrittst.«

Botschaft des Hundes

Der Hund möchte dich heute wieder an deine Emotionen erinnern. Er selbst ist voller Gefühle: Liebe, Eifer, Hoffnung, Sehnsucht, Freude und frohe Erwartung bewegen sein kleines Hundeherz. Hast du die Palette dieser Gefühle verdrängt? Dann blicke in die treuherzigen Hundeaugen – kannst du ihnen widerstehen? Tritt über die Schwelle und begib dich zu den Menschen wie der Hund. Sei bereit, Liebe zu geben, bedingungslos, ohne Forderungen. Der Hund mit seinem einfühlsamen Gemüt fordert dich auf, deinem Seelenleben wieder mehr Beachtung zu schenken. Er ist ein perfekter Begleiter deiner Seele. Er liebt das ihr entsprechende Element Wasser und heult mit der Mondin, der Herrscherin über das Wasser und die Seele. Vertraue seiner Führung. Er stärkt dich für die Freundschaft und das wertvollste aller Geschenke, das dein Herz öffnet: die Liebe.

Öffne dich

Vertraue auf höhere Führung.
Öffne dich für verschüttete und verborgene Gefühle.
Verwandle dich, indem du deine verdrängten Gefühle ans Licht holst.
Laß deine Seele sprechen, nimm Verbindung zu deiner Traumwelt auf.

Mantra: Liebe – Treue – Dankbarkeit

Der Karpfen

Hoch-Zeit

- Ich erlebe den Höhepunkt der Liebe.
- Ich schwimme auch gegen den Strom, um die Liebe zu finden.
- Ich entfalte meine Geschlechtlichkeit.
- Ich erstrebe die Einheit.
- Ich genieße Wasser als Wohltat.
- Ich gehe den Dingen auf den Grund.

Die Saga des Karpfens

»Gefangen bin ich der Fisch der Bauern, anpassungsfähig, anspruchslos und leicht zu vermehren«, blubbert der Karpfen. »Aber meine Männlichkeit wurde so potenziert, daß sie sich ins Gegenteil verkehrte. So verkümmere ich in der Gefangenschaft zum gefräßigen Eunuchen. Ich dümple am dunklen Grund des Teiches, stecke den Kopf in den Schlamm und warte auf den großen Fang.

Bin ich in Freiheit, in meinem Element, entfalte ich meine ganze Manneskraft. Heute ist mein Hoch-Zeits-Tag, ich bin ungenießbar und nicht mehr ansprechbar. Mein Körper verwandelt sich in ein prachtvolles, perlenbesetztes Panzer-Kleid. Im Hochgefühl meiner Kraft begebe ich mich auf Brautschau, überwinde alle Hindernisse, schwimme gegen die Strömung flußaufwärts, um meine Liebste zu finden.«

Botschaft des Karpfens

Auf dem Weg zu seiner Liebsten entfaltet der Karpfen seine ganze Kraft, ja, er ist so von ihr durchpulst, daß sich sogar sein Körper verändert. Bist du ein Mann und auf Brautschau, so ist die Karpfen-Kraft für dich genau das Richtige. Bist du eine Frau, so sei dir gewiß: Dein Liebster wird dich finden.

Die Karpfen-Kraft hilft dir, alle Hindernisse zu überwinden, auch gegen den Strom zu schwimmen, um das zu finden, was dir das Liebste ist. Mag es um dich herum noch so brausen und toben, du kommst voran. Die frohe Erwartung, die dich durchströmt, läßt dich schöner und schöner werden. Richte dich nur ganz auf dein Ziel aus und strebe ihm entgegen, laß dich nicht daran hindern oder gar einfangen! Bewahre dir deine Freiheit, ohne sie verlierst du deine Macht, bist nicht mehr du selbst. Frei wie ein Fisch im Wasser sollst du dich wohlfühlen, deinen Gefühlen freien Lauf lassen. Wenn du dein Liebstes gefunden hast, wirst du in der Einheit die Hoch-Zeit erleben.

Öffne dich

Freue dich auf die Hoch-Zeit deines Lebens.
Hab die Kraft, große Hürden zu überwinden.
Steck den Kopf nicht in den Sand.
Entdecke die Kraft in dir, und laß sie zu.
Verbinde dich mit der Kraft des Wassers, die deine ursprünglichen Gefühle zum Fließen bringt.

Mantra: Vereinigung – Höhepunkt

Die Katze

Energie und Sinnlichkeit

- Ich habe die Kraft des Lebens.
- Ich ehre meinen Körper.
- Ich bin stolz auf meine Freiheit.
- Ich bin selbstsicher und habe Selbstvertrauen.
- Ich schmeichle dir, mit meinem Charme umgarne ich dich.
- Ich genieße es, zärtlich gestreichelt zu werden.
- Ich genieße es, verwöhnt zu werden.
- Ich genieße es, geliebt zu werden.

Die Saga der Katze

»Ich bin das heilige Tier«, schnurrt die Katze stolz und leckt sich die Pfote. »In alten Zeiten wußten die Menschen um meine Heiligkeit. Ich, die Felidae, genoß damals große Verehrung, wie auch meine Ahnin, die ägyptische Katzengöttin Bastet, die die warme, lebenspendende, heiß brennende, glühende Sonnenkraft symbolisiert.

Mein schönes Fell und meine leuchtenden Augen besitzen die Kraft der Elektrizität. Mit meinem glänzenden Haar helfe ich dir, deine Schmerzen zu lindern, wenn dein Körper unbeweglich und steif ist. Danken sollst du dem Großen Geist, daß er mich in eure Häuser geschickt hat. Hörst du meinen Laut MA-UM, verstehst du den Klang des heiligen Wortes? Oder bist du blind und taub, so daß du meine Lebenskraft nicht erkennst?«

Botschaft der Katze

Wer über soviel Lebenskraft verfügt wie die Katze mit ihren sprichwörtlichen sieben Leben, der kann mit vollem Recht selbstsicher sein. Selbstsicherheit aber ermöglicht mehr Freiheit. Die Devise ist: Leben ohne Zwang – wie die Katze, die sich nicht unterdrücken läßt. Laß dich wie ein Pascha verwöhnen, laß dich lieben, laß dich bedienen: alles nur für die Katz! Natürlich nur so lange, wie du es willst. Mach es der Katze nach: Sie will dir sagen, daß auch du es wert bist, daß man dir Gutes tut, daß man dich umsorgt, begehrt, mit Zärtlichkeit umschmeichelt. Versprühe deinen Charme.

Als Herrscherin in ihrem Reich erkundet die Katze regelmäßig ihr Hoheitsgebiet und erspürt feinsinnig jede Veränderung. Sie will dich sensibilisieren, denn Ordnung gibt ihr und dir zusätzliche Sicherheit, das Leben in Ruhe zu genießen. Wenn du wie die Katze ein ruhiges Leben führst und größere Veränderungen vermeidest, findest du zu jener inneren Ruhe, die eine meditative Grundstimmung fördert. Genieße die enormen Kräfte, die so freigesetzt werden, um deinen Vorrat an Lebensenergie aufzustocken.

Öffne dich

Verbinde dich mit dem göttlichen Geist des Lebens.

Genieße die Sonne als Lebenskraft.

Nimm deine erotisierenden Kräfte an.

Laß zu, daß andere dir Gutes tun.

Erhalte dir die Freiheit, so zu sein, wie du willst.

Sei dir bewußt, daß das Schauspiel des Lebens in deiner Hand liegt.

Mantra: Leben wollen – Lebenskraft

Der Krebs

Gegensätze

- Ich verberge meine Empfindlichkeit.
- Ich schütze mich vor Angriffen.
- Ich laufe auf mein Ziel zu, bleibe aber immer auf der Hut und behalte das Ganze im Auge.
- Ich bin ein Grenzgänger und erblicke neue Perspektiven.
- Ich ordne meine Gedanken neu und sprenge alte Muster.
- Ich erlaube mir tiefgreifende Entwicklungsprozesse.
- Ich akzeptiere, daß das Leben ein Auf und Ab ist.

Die Saga des Krebses

»Ich, die Strandkrabbe, vertrete das Krebsprinzip besonders deutlich: Mein ganzes Leben steht unter dem Zeichen des Mondes. Er ist es, der über das Wasser herrscht und die Gezeiten bestimmt. Eingebunden in ihren Rhythmus, erlebe ich ein ständiges Auf und Ab. Auch im Spiel der Wellen erklingt das gleiche Lied.«

Der kleine Strandläufer kommt ins Sinnieren: »Hier, wo die Elemente aufeinanderprallen, ist mein Zuhause. Verbunden mit der Erde, dem körnigen

Sand, den felsigen Klippen, liebe ich auch die Schätze des Meeres in Gestalt schöner perlmuttener Muscheln, die ich besitzergreifend in die Zange nehme. Als Grenzgänger an der Küste blicke ich hinaus auf Wasser und Land, deren lockende Weite für mich doch unerreichbar bleibt. Bin ich von Sehnsucht erfüllt, von Wehmut? Glaube nicht, daß ich so hart bin wie meine Schale! Auch wenn ich ab und zu mal gern zwicke, bin ich in meinem tiefsten Inneren doch ganz zart und weich. Einen Panzer habe ich mir nur zugelegt, weil ich mich immer bedroht fühle und vor Verletzungen fürchte. Doch wenn ich mich erneuere, springt die alte Haut ab, und ich bin eine Zeitlang in meiner ganzen Empfindlichkeit bloßgestellt.«

Ein bißchen beschämt, ein bißchen melancholisch – seitwärts enteilt unser gefühlvoller Freund, einem fernen Ziel entgegen, die langen Stielaugen auf die unerreichbare Ferne gerichtet.

Botschaft des Krebses

Der Krebs ist ganz und gar eingepanzert, um sein zartes, weiches Inneres gut zu verbergen und zu schützen. Hast du es ebenso gemacht? Dann lerne von ihm auch, wie man den alten Panzer abwerfen kann, denn das ist von Zeit zu Zeit nötig, um Wachstum überhaupt zu ermöglichen. Gönne deinen Gefühlen, die vor der Welt abgekapselt waren, freien Raum. Die Krebskraft erlaubt dir, auch einmal deine Blöße zu zeigen. Du darfst Sehnsüchte haben, Wehmut empfinden. Mit dem Abwerfen des Panzers darfst du alte Muster loslassen und dir deine starke, widersprüchliche Gefühlswelt zugestehen: ein tief bewegtes Seelenleben – eine innere Welt voller Reichtum.

Durch die unterschiedlichen Gezeiten hin- und hergerissen, fällt es dem Krebs jedoch oft schwer herauszufinden, wo es langgeht. Wäge ab, entscheide dich jetzt, ob du dich schon öffnen willst oder ob es besser ist, die Innenwelt noch vor der Außenwelt zu verbergen. Wie auch immer: Als jemand, der an den Gestaden der weiten See zu Hause ist, der die Tiefen seiner SEEle kennt, darfst du dir zugestehen, auf ganz eigene Art und Weise anders zu sein als alle anderen. Denn bedenke: Es wäre einfach schade, deine zwar widersprüchlichen, aber intensiven Empfindungen zu verleugnen. Hab den Mut, zur rechten Zeit den Panzer zu sprengen, nur so wird Entwicklung möglich.

Öffne dich

Werde dir deiner Gefühle bewußt.
Zeige deine Empfindsamkeit, wo es möglich ist, und schütze dich, wo es nötig ist.
Finde die Mitte zwischen »himmelhoch jauchzend« und »zu Tode betrübt«.
Schaffe einen Ausgleich zwischen Mond- und Sonnenenergie.
Wirf Altes, das für dich nicht mehr von Nutzen ist, über Bord.
Lerne Gedanken, die dich fesseln, zu sprengen.

Mantra: Ausgleich – Einheit – Harmonie

Die Libelle

Illusion

- Ich entfalte meine Schönheit mehr und mehr.
- Ich ziehe durch meine Erscheinung das Gute magisch an.
- Ich werde respektiert.
- Ich genieße Wasser und Luft als Lebenselixier.
- Ich bin bereit, mich dem Augenblick hinzugeben.
- Blitzschnell verändere ich meinen Standpunkt.

Die Saga der Libelle

Wenn ein geheimnisvolles Wesen langsam dem blütenübersäten Gewässer entsteigt, dann ist die Teichjungfer geboren. »Ich bin zart und gertenschlank«, säuselt die schillernde Schönheit. »Herrlich glitzert mein Körper wie der Wasserspiegel im Sonnenschein. So beherrsche ich das Gaukelspiel der Illusion. Doch mein metallischer Glanz ist gefährliche Täuschung: Ich nehme dich gefangen. Damit du meine Unberührbarkeit nicht verletzt, habe ich mich gut getarnt: Ich gleiche einem fliegenden Stachel.

In zwei Elementen bin ich zu Hause. Ich bin eine Diva der Lüfte. Schau her, blitzschnell fliege ich hin und her, hinauf und hinab. Warte! Damit du mich besser bestaunen kannst, bleibe ich in der Luft stehen und halte die Zeit für dich an. Oder soll ich sie zurückdrehen? Im Rückwärtsflug entschwinde ich wieder, betörend behalte ich dich im Auge.

Meine gebänderten prachtvollen Verwandten erobern sogar die schwindelnden Höhen der Berge. So verbinden wir die Tiefe des Urelementes mit den Dimensionen des Geistes.«

Botschaft der Libelle

Die Libelle säuselt das Zauberwort »Illusion«. Betrachte dieses schillernde Geschöpf, wie es scheinbar unbeweglich in der Luft steht, um im Bruchteil einer Sekunde wieder zu entschwinden. Kommt die große Libelle auf dich zugeflogen, wirst du wohl Angst bekommen, denn ihr spitzer Körper suggeriert: »Stechen«. Du respektierst sie und weichst zurück, obwohl dieses zarte Wesen dir nichts tun kann. Wenn du ein Mensch bist, der sich schlecht wehren kann, dann ist die Libelle genau das richtige Tier für dich. Sie wird dir helfen, bei anderen die Illusion zu erwecken, daß du wer weiß wie wehrhaft seist. Mit Libellenkraft kannst du so tun als ob und damit anderen etwas vorgaukeln. So bleibst du unberührbar, und deine Verletzlichkeit ist gut getarnt. Äußerlich von blendender Schönheit, faszinierend und besonders anziehend, vermag die Libelle andere zum Staunen zu bringen und sie zugleich auf Abstand zu halten. Mit dieser Kraft darfst du andere verzaubern.

Öffne dich

Tauche hinab in die Tiefen deiner Seele, die das Element Wasser symbolisiert.

Verbinde dich mit dem göttlichen Geist, der weht, wo er will.

Laß dich vom Zauber der Welt inspirieren.

Erkenne die Illusion als das, was sie ist, und öffne dich der Wahrheit.

Entlaß deine überholten Vorstellungen in die Vergangenheit und lebe in der Gegenwart.

Mantra: Warnung und Tarnung

Der Mauersegler

Vertrauen

- Ich finde meinen Weg.
- Ich genieße grenzenlose Freiheit – zur rechten Zeit.
- Ich genieße ein glückliches Familienleben – zur rechten Zeit.
- Ich brauche und nehme mir viel Raum.
- Ich gehöre nur mir selbst.

Die Saga des Mauerseglers

»Spi-Ri, Spi-Ri, ertönt mein gellend heller Schrei – so laut, daß dir die Ohren klingeln, wenn ich sprühend wie ein Geistesblitz pfeilschnell durch die Lüfte sause. Spi – Ri, Spirit, Geist der Luft: Dir vertraue ich mich an, mein ganzes Leben verbringe ich in deiner feinstofflichen Welt. Auch wenn ich bis in tausend Meter Höhe aufsteige, den Erdenboden unter mir nicht mehr sehe und die Nacht durcheilend ins Leere zu fliegen scheine: Ich weiß, ich finde meinen Weg. Voller Gottvertrauen erreiche ich zielsicher das ferne Afrika und kehre zur rechten Zeit wieder zurück in die Heimat. Glücklich angekommen, genieße ich mein Familienleben in Liebe und Hoffnung.

Jetzt bin ich in eurem Dorf zu Hause, wohne unter deinem Dach mit meinen Kindern. Ich kann sie stundenlang allein lassen – sie wissen, zur rechten Zeit werden sie wieder wohl versorgt! Wir vertrauen in allem dem gütigen Schicksal und der höheren Fügung. Sollte eines meiner Kleinen aber doch einmal aus Unachtsamkeit zur Erde niederstürzen, so findet sich immer eine menschliche Hand. Eure Gegenwart gibt uns die Gewißheit: Hilfe ist da! Du wirst es aufheben und hinaufwerfen in die Lüfte, wo wir den Himmel genießen. Ich bin grenzenlos frei, mich kann man nicht besitzen.«

Botschaft des Mauerseglers

Der Mauersegler ist im Reich der Lüfte zu Hause – dort ist die Freiheit grenzenlos, es gibt keine Hindernisse, die sein schnelles Vorwärtsstreben bremsen oder gar verhindern könnten. Mit dem Mauersegler fliegt dir die Freiheit zu, ergreife sie, wenn du kannst! Um diese Freiheit zu erlangen, mußt du dich von der Erdenschwere lösen – so wie der Mauersegler, der sie fast vollständig überwunden hat, der den Boden nicht mehr berührt. Voller Hoffnung hat er das Vertrauen entwickelt: Vogelfrei ist er hoch oben sicher.

Wenn die Geistesblitze des Mauerseglers dich inspirieren, kannst auch du hoffnungsvoll alles loslassen, was dir noch anhängt wie ein Sandsack: Sorgen, Selbstvorwürfe, Beklemmung, Kleinmut. Um sich wie er in die Lüfte zu erheben, mußt du leicht sein, leicht und voller Vertrauen, daß du immer gehalten und getragen bist: Du kannst nie tiefer fallen als in Gottes Hand!

Öffne dich

Wenn du höherer Führung vertraust, wirst du den richtigen Weg finden.

Wisse, daß Vertrauen Hoffnung und Sicherheit schafft.

Entwickle dein Selbstvertrauen, um dein Leben selbst zu bestimmen.

Durch dein Selbstvertrauen wächst deine Freiheit von Tag zu Tag.

Gestatte dir eigene Freiräume, auch wenn du Familie hast.

Wisse, daß Hilfe zur rechten Zeit kommt.

Mantra: Vertrauensvoll voran

Der Maulwurf

Sich durchwühlen

- Ich finde meinen Weg.
- Ich bin eins mit der Erde.
- Ich bin dankbar für die irdischen Gaben.
- Ich erkenne meinen Instinkt als zuverlässigen Helfer.
- Ich vertraue meiner inneren Stimme blindlings.
- Ich habe den richtigen Riecher.
- Ich arbeite unermüdlich an meinem eigenen Reich.
- Ich wühle mich durch alles durch.

Die Saga des Maulwurfs

»Ich bin der Mulle«, erklärt der Maulwurf und wühlt sich unermüdlich waagerecht durch sein unterirdisches Reich. »Mein Element ist die fruchtbare Erde. Hier baue ich mir einen riesigen Palast mit langen Gängen und vielen runden Zimmern. Bei all meinem Tun ist mir mein Instinkt eine sichere Hilfe. Ich bin Weltmeister im Fühlen und Tasten. Niemand, der meinen Lebensbereich betritt, bleibt mir verborgen, ich erkenne jeden Eindringling an seinem Rhythmus. Aber nähere dich mir nicht von hinten: Ich beiße nicht, doch stinken kann ich …

Manchmal gönne ich mir auch Ruhe. Dann throne ich wie ein König auf meinem Hügel und genieße die Aussicht auf die schöne Welt auf meine Art.«

Botschaft des Maulwurfs

Wenn alles vor dir im Dunkeln zu liegen scheint, dann ist der Maulwurf der richtige Wegbegleiter für dich. Er zeigt dir, wie du dich durchwühlen kannst. Auch wenn du jetzt noch keinen Lichtstrahl siehst: Vertraue nur deinen Instinkten und arbeite dich unermüdlich voran – immer geradeaus.

Die Kraft des Maulwurfs wird dir helfen, mit nachtwandlerischer Sicherheit den richtigen Weg zu finden. Nichts bleibt dir verborgen, wenn du dich mit seiner Hilfe zielsicher durch die irdischen Gefilde arbeitest. Wenn du dich aber durch den Berg hindurchgeschaufelt hast, solltest du auch nicht vergessen, dich ab und zu auszuruhen und das Erreichte zu genießen.

Öffne dich

Vertraue deinen Instinkten.
Lerne Mutter Erde schätzen.
Erfühle den Rhythmus des Lebens.
Nimm wahr, was vor dir verborgen ist.
Gehe bei all deinen Tätigkeiten und Geschäften den geraden Weg.
Mit Ruhe und Ausgeglichenheit wirst du dein Ziel erreichen.

Mantra: Fühlen – wühlen – bauen

Die Maus

Heimlichkeit

- Ich bin das süße Mäuschen.
- Ich bin klein, komme überall rein.
- Ich verschaffe mir überall Zugang.
- Ich nehme vom Guten nur das Beste.
- Ich habe die Chance, das Spiel zwischen Katz und Maus zu gewinnen.

Die Saga der Maus

»Warum wollt ihr uns nicht haben, wo wir doch so niedlich sind?« fragt die süße Maus und guckt dich mit großen dunklen Knopfaugen herzallerliebst an. »Ich bin dein unsichtbarer, doch treuer Hausgenosse, genieße deine Anwesenheit. Berg oder Tal, Keller oder Almhütte, wir, die Mäuse, folgen dir bis in den letzten Winkel.

Doch leider müssen wir uns vor dir verstecken. Ist aber die Gelegenheit günstig, huschen wir schnurstracks heimlich auf Streifzug. Wenn die Katze aus dem Haus ist, dann tanzen wir Mäuse auf dem Tisch, klettern buchstäblich die Wände hoch. Mit dem Bauch platt auf der Erde schieben wir uns unter der Tür durch: Deine Speisekammer ist niemals sicher, wir naschen gern, und unser Geschmackssinn ist spitze entwickelt. So nehmen wir, wenn wir die Wahl haben, vom Guten nur das Beste. Sicher gönnst du uns doch das kleine Käsestück, das wir so possierlich in den Pfötchen halten. Wenn nicht – auch kein Problem! Wir verschaffen uns Zugang und beißen uns durch die Wand.«

Botschaft der Maus

Die Maus bietet dir ein besonders leckeres Häppchen, sei happy! Jetzt ist eine günstige Gelegenheit für dich gekommen – wie bei den Mäusen, die über Tische und Bänke springen, wenn die Luft rein ist. Angst, Druck, Kontrolle – was hat dich bis jetzt daran gehindert, aus dir herauszugehen ? Wem möchtest du gern auf der Nase herumtanzen? Tu es! Heimlich, still und leise – pfiffig wirst du deine Chance wahrnehmen und dir stibitzen, was du haben willst. Du darfst dir nehmen, was du kriegen kannst, also nasche vom reichhaltig gedeckten Tisch.

Auch wenn die Maus nur ein ganz kleines Tier ist, Mauskraft ist stark! Große, starke Menschen – und sogar Elefanten – haben Angst vor ihr.

Öffne dich

Komm aus deinem Mauseloch, graue Maus.
Auch mit Unauffälligkeit kannst du dir alles einverleiben – heimlich, still und leise.
Nutze günstige Gelegenheiten.

Mantra: Heimlich, still und leise

Die Möwe

Zwanglosigkeit

- Ich trotze allen Stürmen.
- Ich komme mit einer rauhen Umgebung klar.
- Ich habe immer viele Kameraden.
- Ich liebe die Geselligkeit.
- Mir macht turbulentes Leben Spaß.

Die Saga der Möwe

»Ist die Welt auch noch so rauh, wir lieben unsere zerklüfteten Klippen. Als Lachmöwen haben wir immer Spaß am ungestümen Leben, schaukeln und schlingern wie Korken auf den Wellen. Wir trotzen jedem Wetter, toben mit der stürmischen Windsbraut und kreischen vor Freude beim Durcheinanderfliegen im schneidenden Wind.

Mit meinen verwegenen Kumpanen, den sturmerprobten, erspähe ich bald das nächste Schiff. ›Nix wie hin!‹ – das ist der Schlachtruf der Piraten. Heidewitzka – wir Freibeuter der Meere verschlingen frechgefräßig alles, was wir kriegen können, wir sind nicht zimperlich, lieben deftige Hausmannskost.

Gesetzlose Gesellen wie wir brauchen einander: Alle für einen – einer für alle. An uns kommt keiner ran, wir greifen gemeinsam an. Bei uns geht's immer hoch her, wir fressen und zanken und palavern den ganzen Tag.«

Botschaft der Möwe

Jetzt ist es Zeit zum fröhlich-ausgelassenen Beisammensein mit deinen Freunden, Kameraden und Kumpeln. Essen und Trinken in heiterer Runde sind angesagt, dabei darf es auch ein bißchen lauter zugehen.

Willst du heute feiern gehen, dann nimm die Möwe mit. Ihr macht turbulentes Leben Spaß, sie versteht etwas davon: Ungebändigt, wie sie ist, stärkt sie dein Ungestüm und Draufgängertum. Mit ihr wirst du in bester Stimmung sein und in geselliger Runde sicher jede Menge Spaß haben. Aber übertreib es nicht: Übermut tut selten gut.

Öffne dich

Laß dich – von welchem Sturm auch immer – nicht umwerfen.
Du darfst mit deinen Kumpeln auch einmal über die Stränge schlagen.
Was sich liebt, das neckt sich.
Feiere die Feste, wie sie fallen.

Mantra: Ausgelassen – loslassen – rauslassen

Der Pfau

Selbstdarstellung

- Ich bin schön und jedem ebenbürtig.
- Ich entfalte meine ganze Pracht.
- Meine Anwesenheit ist für alle ein Präsent.
- Ich rücke mich ins rechte Licht.
- Ich ziehe alle Blicke auf mich.
- Ich verstehe es, mich größer darzustellen, als ich bin.
- Ich genieße den Applaus.

Die Saga des Pfaus

»Ich verstehe es meisterhaft, meine eigene Größe noch zu übertreffen.« Dann und wann, wenn ihm gerade danach ist, erhebt der Blaue Pfau seine Schleppe und schlägt sein Rad, das ihn wie eine schillernde Aura umgibt: »Das Rascheln meiner Federn ist wie rauschender Beifall, wie tosender Applaus, der meinen Auftritt begleitet. Kupferfarben, smaragdgrün, königsblau und golden leuchten meine Federaugen. Ich bin das Juwel bei Hofe, Kaiser und Könige, Heilige und Geistliche bewundern mich. Ich schwelge im Bewußtsein meiner Pracht und genieße es, daß man mich sieht! Ich beflügle deine und meine Phantasie gleichermaßen, der Zauber von Tausendundeiner Nacht begegnet dir in mir! Ich bin unwiderstehlich: Schau in meine Augen, Kleines!«

Botschaft des Pfaus

Im Bild des Blauen Pfaus ist das Thema »Selbstdarstellung« perfekt inszeniert. Er versteht es meisterhaft, sich selbst darzustellen, indem er sich größer macht, als er ist, und seine volle Schönheit entfaltet. Wenn der Pfau heute in deine Karten stolziert ist, will er dir den großen Auftritt eines Showstars erlauben. Putz dich heraus, schmücke dich, plustere dich auf! Es wird seine Wirkung nicht verfehlen – also schinde Eindruck! Laß dein Licht leuchten, trau dich, einmal strahlender Mittelpunkt zu sein!

Der Blaue Pfau möchte deine Fähigkeit zum Selbstausdruck fördern: Im Zentrum des prachtvollen Pfauenrades prangt sein leuchtend blauer Hals so auffallend, daß eigentlich er es ist, der alle Aufmerksamkeit auf sich zieht. Dort, an der Kehle, dem Organ des Selbstausdrucks, pulsiert das fünfte Chakra – seine Farbe ist Blau.

Öffne dich

Erlaube dir, daß man dich sieht.
Hab den Mut zu zeigen, was du bist und was du hast.
Sei dir bewußt, daß du allen ebenbürtig bist, ob Kaiser oder Papst. Alle Menschen sind gleich.

Mantra: Schönheit des Augenblicks

Das Pferd

Kostbare Stärke

- Ich strotze vor ungestümer Kraft.
- Ich bin stark.
- Ich bin charakterfest.
- Ich bin ein edles Geschöpf.
- Ich bin eine Kostbarkeit in Gottes Welt.
- Ich bin es wert, daß man mich achtet.

Die Saga des Pferdes

Frei und ungezähmt die Steppen durchstreifen, dem Wind entgegen – das ist der Traum des Hengstes. Dampfend, schnaubend wirft das feurige Roß den Kopf zurück, seine glutvollen Augen lugen unter der wilden Mähne hervor.

»Einstmals habe ich mir mutig meine Stuten erobert, andere stolz erschmeichelt. Meine muntere Herde sprühte vor Leben und wurde von mir kampfeslustig wiehernd verteidigt. Ich duldete keine ungezügelten Ausbrüche, sorgte für Sicherheit, spitzte die Ohren. Dann gab ich meine Freiheit und meine Herde auf, ließ mich einfangen und zähmen. So entwickelte ich meine Individualität mit eigenem Charakter. Heute stehe ich an der Schwelle zwischen der Welt der Tiere und der der Menschen. Mit meiner urtümlichen Energie gehöre ich noch ganz dem Reich der Natur an. Meine strotzende Kraft, meine Freude am Wettstreit und mein Sinn für kunstvolles Spiel prädestinierten mich für die Welt der Menschen. Große Könige und Kaiser wußten meiner formvollendeten Erscheinung mit Hochachtung zu begegnen und sie entsprechend zu würdigen – ihnen war ich ein kostbarer Schatz.

Ich bin auch ein Mittler zwischen Mensch und Mensch, meine Potenz, meine Kraft sind bei euch sprichwörtlich geworden. Ich trug und zog eure Lasten mit meiner Pferdestärke, schenkte euch die Möglichkeit, auf Handelswegen kostbare Güter aus aller Herren Länder kennenzulernen und auszutauschen. So erschloß ich euch neue Horizonte in weiter Ferne, neue Dimensionen. Meine Erscheinung läßt dich ungestüme Kraft spüren, gepaart mit edler Schönheit, Grazie und Eleganz.«

Botschaft des Pferdes

Das Pferd trägt dich in jedes Reich, wohin soll es dich entführen? Hinauf in luftige Gefilde, in eine andere Welt? Spüre den Erdboden unter den donnernden Hufen und den Wind in deinen Haaren – Erdenschwere, Luftgeister, feurige Windsbraut, stiebender Staub, schäumendes Leben.

Wenn du dem Geist des Pferdes begegnet bist, hast du einen ganz besonderen Bundesgenossen gewonnen, der dich bereitwillig überall hinträgt, wohin es dein Wille befiehlt. Jetzt gibt es für dich kein Halten mehr: Vorwärts! Das Pferd bringt dir ungeheure Kraft – sie ist kostbar, gehe behutsam mit ihr um, lenke sie mit leichter Hand in die richtigen Bahnen! Mit dem Pferd wird dir enorme Stärke angetragen: Sei bereit, diese Kräfte mit deinem Geist zu bändigen. Das Pferd darf nicht mit dir durchgehen. Du mußt die Kraft, die dir vermittelt wird, zügeln und im Zaum halten: Du bestimmst, wo es langgeht.

Das edle Roß opfert dir sein Sein, gibt sich deinem Willen preis. Lenke diese starke Kraft voller Achtung. So wird das kostbare Tier ein Tänzer an deiner Hand, das edle Geschöpf, auf dem die Götter und die Helden reiten.

Öffne dich

Vereine Kraft und Schönheit in deiner Erscheinung.

Laß deiner natürlichen Daseinsfreude freien Lauf.

Überwinde mutig deine Hemmungen gegenüber dem anderen Geschlecht.

Mantra: Urkraft – Naturkraft

Der Rabe

Bote der Götter

- Meine Anpassungsfähigkeit eröffnet mir weitere Lebensräume.
- Ich bin intelligent.
- Ich bin klug.
- Ich habe Freude am Lernen.
- Ich bin sprachgewandt.
- Ich kenne das heilige Wort, das mich mit den Göttern verbindet.
- Ich ziehe die Sonnenkräfte magisch an.

Die Saga des Raben

»Mit meinem pechrabenschwarzen, schillernden Gefieder ziehe ich die Sonnenkräfte magisch an. Ich bin der gelehrigste und intelligenteste unter den Vögeln. Selbst nach menschlichem Ermessen bin ich klug«, krächzt der schelmische Götterbote.

»Wenn du mich einfängst, fordere ich deine ungeteilte Aufmerksamkeit. Ich will mich mit dir unterhalten. Sonst kann ich frech werden, Schabernack treiben und Streiche aushecken – mit Recht! Ich will nämlich etwas lernen: die Sprache der Menschen. Das macht mir tierisches Vergnügen und dient zudem meiner Berufung als Dolmetscher.

Sieh her! Eindrucksvolle Flugkunststücke vermag ich zu vollführen. Der Höhepunkt meiner Vorführung ist der Rückenflug. Ich greife nach der Sonne, Himmel und Erde fließen ineinander, oben und unten sind eins für mich. Ich bin der Bote der glanzvollen Götter, vermittle mit meiner Klugheit, mit meinen Flugkünsten und mit meinen Sprachkenntnissen zwischen ihnen und euch. Würdevoll trage ich die schwarze Robe der Kleriker, mir gaben die Götter das heilige Wort des Himmels – den Namen des ägyptischen Sonnengottes: RA.«

Die Botschaft des Raben

Der Rabe verlangt ungeteilte Aufmerksamkeit. Deshalb kann Rabenkraft dich besonders beim Lernen unterstützen, z. B. wenn du vor einer Prüfung stehst. Der Rabe hilft dir gern mit seiner Kraft: Wie kein anderes Tier beschert er dir Freude am Lernen und Aufnahmefähigkeit. Kein Wunder, denn der gelehrige, kluge und intelligente Rabe hat selbst viel Spaß am Lernen. Du wirst mit seiner Hilfe ein interessierter und strebsamer Schüler werden, voller Wißbegier und Lerneifer. Aber übertreibe es nicht wie der Rabe: Der fängt an, seinen Lehrer zu zwicken und zu piesacken, wenn einmal nicht alle Aufmerksamkeit auf ihn konzentriert ist. Sonst wirst du leicht zur Nervensäge. Du kannst ruhig Schabernack treiben –, aber in den Pausen, und die braucht ein fleißiger Schüler auch! Mit deinem Verstand kannst du dir weitere Lebensräume eröffnen. Ist die Rabenkraft erst einmal voll ausgebildet, vermagst du dir den Himmel schon verstandesmäßig zu erschließen. Du verbindest mit deiner Intelligenz Himmel und Erde, auch wenn dein Herz noch nicht folgen kann. So wird der Himmel für dich greifbar, wie für den Raben, der im

Rückenflug nach der Sonne greift und dabei von oben seine Stimme auf die Erde erschallen läßt. Doch weil das Herz noch fehlt, bleibt der pechrabenschwarze plappernde Rabe »nur« ein *Bote* der Götter. Wie auch die schwarzgewandeten Kleriker Boten Gottes sind, denn auch sie tönen ja von oben her übers breite Volk.

Öffne dich

Freue dich an der Lebendigkeit deines Geistes.

Erkenne die Regsamkeit deines Geistes als das Wirken einer höheren Macht in dir.

Höre auf deinen Gott in dir und sprich mit Ihm.

Mach dir die Beziehungen zwischen Götterwelt, Menschenwelt und Tierwelt bewußt.

Verzaubere deine Umgebung mit deiner Anwesenheit.

Mantra: Mein Gott hört mich – ich höre Ihn

Die Ratte

Überleben

- Ich bin ein Weltenbürger.
- Ich bin überall zu Hause.
- Ich setze mich durch.
- Ich lasse meinem Erkundungsdrang freien Lauf.
- Ich nutze jede Chance, die sich mir bietet.
- Ich kann mich auf neue Situationen leicht einstellen.
- Den Erfordernissen des Lebens passe ich mich intelligent an.

Die Saga der Ratte

»Wir Ratten sind allgegenwärtig«, piepsen die Ratten im Chor. »Mit eurer Neugier auf andere Welten habt ihr uns aus unserer Heimat verschleppt und überall verbreitet. Das finden wir prima, denn wir sind genauso neugierig: Von euren Gestaden aus begann unsere Völkerwanderung rund um die Erde.«

»Wir wohnen in deinem Dachgeschoß, lieben deinen Hof und deine Scheune«, freut sich die Hausratte, und ihre Schwester fügt hinzu: »Wir Wanderratten fühlen uns in den unteren Etagen, Gewölben, Gräben und Gruben, feuchten Kellern und dunklen Kanälen besonders wohl.«

»Wir beißen uns überall durch», lachen sich die beiden ins Fäustchen. »Wir erobern jeden Lebensraum. *Ihr* wollt uns ausrotten? Wir schlagen zurück! Pest und Hölle, Tod und Teufel habt ihr durch uns erlebt. Das Bewußtsein der Alten Welt erschütterten wir bis in die Grundfesten. Wir spielten eine Schlüsselrolle im Drama der Menschheit und nahmen mehr Einfluß auf ihr Schicksal als jede Berühmtheit der Geschichte. Wir haben im dunklen Mittelalter das Feuer entfacht, so daß ihr aus eurer Ohnmacht erwacht seid und zur Besinnung kamt – ein gewaltiger Bewußtseinssprung! Plötzlich habt ihr klar erkannt: Ihr müßt hygienische Verhältnisse schaffen und eine medizinische Versorgung entwickeln, Städtebau und Architektur verändern, Kanalisation und Müllentsorgung aufbauen. Heute habt ihr eine hohe Lebensqualität – und zwar durch uns.«

Botschaft der Ratte

Mit Ratten-Mentalität kannst du dich überall durchbeißen. Für Ratten gibt es keine Hindernisse, sie sind allgegenwärtig. Auch wenn man sie nicht sieht, entfalten sie doch überall ihre Aktivitäten – selbst im Dunkeln. Wenn es finster ist um dich herum, piepst dir die Ratte zu: »He, wach auf, setz deinen Verstand ein! Laß das Licht deiner Intelligenz aufscheinen, erkunde und erforsche deine Umge-bung, sei neugierig, probier alles aus! Dann wirst du schnell erkennen, wo deine Chancen liegen, und sie dir nehmen.« Wenn du dir die Rattenkraft zu eigen machst, kann man dich nicht mehr vertreiben. Ratten sind unausrottbar – mit dem Geist der Ratte wirst du nie aufgeben, sondern wie ein Stehaufmännchen immer wieder auf die Füße kommen und dein Glück erneut versuchen. Man kann dir letztendlich nichts entgegensetzen. Die Durchsetzungskraft der Ratte ist enorm: zähes, beharrliches Durchhalten, Penetranz.

Vielleicht gehörst du nicht zu den »großen Tieren« im Schauspiel des Lebens, mit Rattenkraft kannst du sie jedoch ganz schön aufscheuchen und dir holen, was du brauchst.

Öffne dich

Wisse, daß du ewig leben wirst, dein Sein ist unzerstörbar.

Entfalte dich in alle Richtungen, niemand kann dir wirklich Grenzen setzen.

Erhalte dir deine Neugierde, deinen Forschergeist.

Beiß dich durch deine Probleme durch.

Mantra: Durchbeißen – durchsetzen – durchhalten

Die Schlange

Erkenntnis

- Ich habe einen geschmeidigen Körper.
- Ich streife Altes ab, damit Neues Platz hat.
- Ich sehe deine Energien und erkenne deine Seele.

Die Saga der Schlange

»ZISCH – mit meiner gespaltenen Zunge locke ich dich – ZISCH – geschmeidig gleitend schlängele ich, die Kreuzotter, meinen Körper über Stock und Stein. In diesem Augenblick fixiere ich dich. Mit meinen magischen Augen erkenne ich das Strömen deiner Energien. Wenn ich dich beschwöre, wirst du wie hypnotisiert mein williges Opfer sein. ZISCH – jetzt bist du in meinem Bann ! ZISCH ... SCH ... Schlaaf, schlaaaf ... Noch zuckt dein Fleisch, zuckt und pulsiert, warm und rot. Züngelnd schmecke ich schon das Feuer deiner Lebensenergie.

SCH ... SCH ... SCH ... rhythmisch wiege ich dich in den Schlaf. Du bist in meinem Bann: Entscheide dich – lauf fort, ich beiße dich in die Ferse, bleib stehn – ZISCH – du bist in jedem Fall verloren. ZISCH – ehe du ganz erstarrst in deinem Schock, beiße ich blitzschnell zu, mache dich willenlos, gefügig mit meinem

Elixier, darauf kannst du Gift nehmen. Mir entkommt niemand.«

Botschaft der Schlange

Die Kreuzotter trägt das Zeichen des Pluto auf ihrer Stirn, des Planeten der Transformation. Sie hilft dir, deine Wandlung zu vollziehen. Streife Altes ab wie die Schlange ihre Haut, damit Neues Platz hat. Nimm Veränderungen an. Die Schlange läßt dich erkennen, was du tun sollst. Sie sieht nämlich, was du nicht siehst! Als Tier, das seine visuelle Wahrnehmung im Infrarotbereich hat, erkennt sie die für dich nicht sichtbaren Wärmestrahlen: die Ausstrahlung deiner Körperenergien, deine lebende Seele. Deine Seele ist der Träger deines Gewissens. Dein Gewissen – und nur dein Gewissen – weiß von Gut und Böse. Um Gut und Böse unterscheiden zu können, bedarf es der Erkenntniskraft. Erkenntnis kann man nur gewinnen, wenn man für »böse« Taten, z. B. »Ungehorsam«, bestraft und für gute belohnt wird.

Wenn du zwischen Gut und Böse unterscheiden kannst, kannst du das Paradies verlassen – du bist selbständig geworden. Du wirst »ausgetrieben« aus dem Paradies, denn du bist ausgetrieben – wie ein Samenkorn, das anfängt Wurzeln zu treiben und zu sprießen. Deine Seele sprießt, dein Gewissen entwickelt sich, du weißt von Gut und Böse. Jetzt hast du Entscheidungsfreiheit. Selbständig werden! Frei und eigenverantwortlich! Den »Kinder«-Garten Eden verlassen und die ganze Welt bekommen, sich selbst erobern!

Übernimm deine Aufgabe im Dienst der Erde, sei ihr untertan: Du darfst jetzt unter Gottes Führung Mit-Erbauer sein, noch brachliegendes Land in einen schönen Garten verwandeln. *Jetzt* erst bist du ein

Mensch, ein bewußtes Wesen, das nach Vollkommenheit streben darf. Die Schlange fragt dich heute: »Weißt du von Gut und Böse? Hörst du auf deine Seele, die durch dein Gewissen zu dir spricht? Setze dein Gewissen ein!«

Öffne dich

Ein gutes Gewissen ist ein sanftes Ruhekissen.
Gönne dir die Ruhe, die du brauchst, um dich mit Energie aufzuladen.
Auch steinige Wege und Umwege führen dich zum Ziel.

Mantra: Seelige Erkenntnis

Der Schmetterling

Seele

- Ich lasse mich von Farben und Düften verzaubern.
- Ich genieße die Pracht von Gottes Welt.
- Ich bin ein anmutiges Wesen.
- Ich entfalte meine ganze Schönheit.
- Ich bin eine lebende Seele.

Die Saga des Schmetterlings

»Verborgen vor den Blicken der irdischen Welt, ganz im geheimen, in einer anderen Sphäre vollzieht sich der Wandel meiner Gestalt. Ich habe mich in das Reich der Träume, die Heimat der Seele, begeben, um dort Kraft zu schöpfen, damit ich erneuert erwachen kann. Bin ich derselbe, wenn ich dem Kokon entschlüpfe, derselbe, der ich vorher war? Mein Körper hat sich verändert, doch das Wertvollste blieb erhalten: der Kern meines Wesens, meine unsterbliche Seele.

Wie sie gehört ein Teil von mir jetzt nicht mehr zur materiellen Welt: Rühr mich nicht an! Unantastbar wie liebliche Blütenblätter bin ich ein vollendetes Gemälde im Gesamtkunstwerk »Natur«. Ich darf mich am Blütennektar laben, erlebe eine Welt rauschender Farben und betörender Düfte. Flatterhaft lautlos taumele ich trunken im Sommerlicht, wie eine Elfe mit meinen Flügeln Zaubersternenstaub verbreitend.

Mein ganzes Leben kündet euch von Vergänglichkeit und Wiederkehr.«

Botschaft des Schmetterlings

Der Schmetterling, der Meister der Transformation und Metamorphose, erzählt dir von der Wandelbarkeit deines inneren und deines äußeren Wesens. Du kannst dich noch so sehr verändern: Du bist, der du bist.

Die Raupe, wo ist sie geblieben, der Schmetterling, wo kam er her? Ein vollkommener Wandel der Gestalt hat sich vollzogen, unsichtbar für dein Auge. Jetzt magst du fragen, was geblieben ist. Gibt es da etwas, einen inneren Keim, einen Funken im tiefsten Wesen verborgen, der sich selbst treu bleibt? Auch du wirst in diesem Leben deine Gestalt ändern – mal langsam und unauffällig, Schritt für Schritt, dann wieder, vielleicht durch heftige äußere Ereignisse hervorgerufen, von einem Tag zum anderen. Und doch: Unabhängig von deiner äußeren Erscheinung bist du im tiefsten Inneren immer derselbe. Dort waltet dein eigenes inneres Ich – deine Seele, die inmitten der Geschehnisse der Zeit ihre Göttlichkeit bewahrt und auch noch weiterlebt, wenn sie den Körper verlassen hat, weil du gestorben bist.

Die Raupe umspinnt sich Schicht um Schicht mit Seide – du magst dich umsponnen haben mit Ideen und Meinungen, Weltbildern, Vorurteilen. Der Schmetterling bietet dir heute seine Kraft an: Schlüpfe aus aus deinem selbstgesponnenen Kokon und laß deiner Seele Freiraum, um sich hier auf dieser Erde in ihrer ganzen Schönheit zu entfalten. Lausche deiner Seele, und führe Zwiesprache mit ihr wie mit einem in dir verborgenen Wesen. Dann wird sie dir freudig über deine Träume ihre Botschaften vermitteln.

Öffne dich

Du lebst in zwei Welten: Erde und Traumwelt.
Achte auf deine Träume.
Beginne, deine Traumzeit bewußt zu erleben.
Nimm Kontakt mit deiner Seele auf.
Laß zu, daß deine Seele zu dir sprechen darf.
Der göttliche Funke in dir ist ewig.
Du bist unsterblich.

Mantra: Ich werde ewig sein

Der Schwan

Ewigkeit

- Ich bin da.

Die Saga des Schwans

Der sterbende Schwan erhebt seine Stimme und beginnt zu singen. Es ist sein Freudengesang: Jetzt wird er die Erde verlassen und zurückkehren in das Reich der Götter, aus dem er einstmals kam.

»Ich war ein Geschenk an die Menschen. Mit meiner königlichen Gestalt und mit meinem schneeweißen Gefieder erinnerte ich sie an die himmlischen Gefilde, wann immer sie mich sahen. In euren Lustgärten, wo sonnenflimmernde Luft, betörende Blüten und schillernde Wasser sich vereinen, war meine imposante Gestalt der Anziehungspunkt für jung und alt. Ich war mir als stolzer Schwan meiner edlen Schönheit voll und ganz bewußt. Ich war und ich bin der würdige Begleiter königlicher Menschen: Ich begleite die, die Gott angehören, die Hüter des Grals.«

Botschaft des Schwans

Die Botschaft des Schwans ist kurz und einfach: »Ich bin da.« In diesen schlichten Worten ist die Weisheit des ganzen Kosmos enthalten: »Sei jetzt hier.« Das ist alles. Es ist das Einfachste und zugleich das Schwerste: bewußt im Hier und Jetzt zu sein. Wer das erstrebt, erstrebt Erleuchtung, wer das erreicht, hat das göttliche Prinzip verwirklicht, das Prinzip dessen, der im Alten Testament von sich sagt: »Ich Bin Eheje – Ich Bin, der Ich Bin.«

Öffne dich

Erinnere dich: Du bist ein Königskind in dieser Welt.

Du gehörst immer zwei Welten an: der irdischen und der göttlichen.

Lebe bewußt, am Tag und in der Nacht.

Du wirst ewig sein.

Mantra: Ich bin, der ich bin, wo ich bin

Das Schwein

Inkarnation

- Ich liebe das irdische Leben.
- Ich weiß irdische Genüsse zu schätzen.
- Ich weiß, daß Essen und Trinken Gaben Gottes sind.
- Ich liebe die Muttererde.
- Ich zeige meine Gefühle, wenn ich vergnügt bin.
- Ich liebe gern.

Die Saga des Schweins

Die Erde bebt, im Schweinsgalopp nähert sich das Borstenvieh: »Wer mich besitzt, hat Schwein«, grunzt das Glücksschwein. »Ich bin gern ein faules Schwein, und voller Wonne wälze ich mich in Dreck und Matsch. Ich liebe eben die Erde und die Genüsse, die sie mir schenkt. Zufrieden schmatzend fresse ich alles, was mir unterkommt, selbst Reste, die euch schäbig erscheinen. So mache ich euch reich: Ich verwandle Abfall in bare Münze. Außerdem habe ich den richtigen Riecher – als Trüffelschwein.

Euch Menschen bin ich sehr ähnlich: hübsch rosa und nackig. Auch mein Fleisch ist dem euren nah verwandt, deshalb wurden meine Vorfahren bei besonderen Festen anstelle von Menschen rituell den

Göttern geopfert. Manchmal bin ich eben doch ein armes Schwein! Aber eigentlich bin ich immer zufrieden und quietschvergnügt – und wedle bumsfidel mit dem Ringelschwänzchen.«

Botschaft des Schweins

Das rosa Marzipanschwein bringt dir Glück! Wenn dir heute das Schwein begegnet ist, dann erlaube dir, auf einfache Art und Weise glücklich zu sein: Koste dein irdisches Leben wohlig aus und fröne den Wonnen, die leckeres Essen und Trinken und andere ganz und gar irdische Genüsse dir bereiten. Laß auch mal die Sau raus und gönn dir etwas Gutes: Dein Wohlbefinden soll jetzt im Mittelpunkt stehen, dein Körper möchte beachtet werden. Sei zufrieden wie das Schwein und genieße voller Wohlbehagen die vergnüglichen Gefühle, die sich einstellen wollen. Schwelge in den vielen guten Gaben, die Mutter Erde dir in reichem Maße schenkt. Danke ihr für ihre immerwährende Fülle.

Öffne dich

Bedenke: Du lebst auf *dieser* Welt.
Akzeptiere deine Inkarnation.
Kläre deine Beziehung zur Erde.
Überprüfe dein Verhältnis zur Welt der Materie.
Lerne, mit Geld umzugehen.
Trau dich, auch mal die Sau rauszulassen.

Mantra: Glück und Segen auf all meinen Wegen

Die Spinne

Karma

- Ich halte die Fäden meines Lebens selbst in der Hand.
- Ich kann das Rad meines Lebens herumdrehen: Ich bin für mein Schicksal, mein Karma, selbst verantwortlich.
- Ich bin gesegnet.
- Meine weibliche Kraft ist heilig.
- Mir fliegt alles zu, was ich brauche.

Die Saga der Spinne

»Ich, die Kreuzspinne, bin ein gesegnetes Tier, denn mein Leib ist mit einem Mal, dem Zeichen Christi, geschmückt, das wie von Diamanten umgeben erscheint. Mein Körper hat die Form einer Acht, acht Beine habe ich und acht Augen. So wurde ich wie diese Zahl zum Symbol für die Unendlichkeit, die niemals endende Zeit.

Mein Wesen ist zutiefst weiblich, denn ich beherrsche die Kunst, aus meinem Körper heraus etwas Materielles zu schaffen, die nur den Frauen zu eigen ist: ›Ich sitze am sausenden Webstuhl der Zeit und webe der Gottheit lebendiges Kleid.‹

Wenn der Tag beginnt, der Lauf aller Dinge seinen

Anfang nimmt, spinne ich wieder mein filigranes Kunstwerk, das dich magisch anzieht. Magst du zusehen? Schließ die Augen und öffne dein Inneres: Als erstes habe ich eine Vision. Dann lasse ich mich vom Wind tragen, spanne im zweiten Akt meines Schauspiels den seidenen Faden von links nach rechts, von Zweig zu Zweig, um mich zu polen.

Aus der Mitte heraus ziehe ich einen weiteren Faden nach unten – um Himmel und Erde zu verbinden, um mich zu erden. So entsteht ein T, wie ein heiliges Kreuz. Dann verwandelt die Schwerkraft das T in ein Y, die Rune der Zeugungskraft.

Im dritten Teil des Dramas wird dieses kosmische Symbol von einem Dreieck umschlossen. So schaffe ich Einheit, verbinde mich mit der Trinität.

Als viertes befestige ich aus der Mitte eine Vielzahl von Fäden, die in alle Richtungen reichen wie ein explodierender Stern. Ich gehe in die Weite und stabilisiere das Zentrum. Jetzt bin ich gefestigt: Die Hoffnung erstrahlt. Beginnt jetzt die Erneuerung, die Umwandlung? Nein, noch fehlt etwas – das Wichtigste!

Mit Lust beginne ich als fünftes das erste Rad zu drehen, spiralig rechtsherum aus der Mitte heraus. Das Zentrum fängt an zu pulsieren: Der sich ewig verströmende Kreislauf der Schöpfung beginnt.

Aber ich will mich nicht in der Unendlichkeit verlieren: Also kehre ich als sechstes zum Zentrum, zum Ursprung zurück. Ich vollende mein Werk mit dem zweiten Rad. Die Spirale verläuft linksherum, die Maschen des Schicksalsnetzes werden enger und enger gesponnen. Das Dreieck habe ich verinnerlicht, ich bin zu Hause, um zu empfangen.

Als siebtes ruhe ich mich aus.

Als achtes bin ich im Zentrum meiner »M-Acht« die Alleinherrscherin, die auf die Kräfte wartet, die ihr zufliegen.«

Doch eines ist der Spinne entgangen: daß sie, aus kosmischer Sicht, zur einsamen Gefangenen im Gespinst ihrer eigenen Ideen geworden ist.

Die Botschaft der Spinne

Heute ist die Spinne in dein Leben getreten. Sie symbolisiert deine eigene Macht über dein Leben. Sie sagt dir, daß du gesegnet bist und dir die Möglichkeit offenbart wurde, über dein Leben selbst zu bestimmen. Du allein kannst dich für einen Weg entscheiden. Nichts wird dir aufgezwungen. Du bist es, der die Fäden seines Schicksals in der Hand hält, und somit bist du auch für dein Karma verantwortlich.

Die Spinne erinnert dich an deine größte heilige Kraft, deine Weiblichkeit. Nur durch diese weibliche Kraft in dir bist du in der Lage, zu empfangen und dich mit dem heiligen Zentrum zu verbinden. Um sich für die Besonderheiten dieser Macht zu öffnen, bedarf es der Polung in beide Richtungen. Beginne das filigrane Kunstwerk deines Lebens zu spinnen, so kannst du das heilige Kreuz ins Dasein treten lassen. In dieser fruchtbaren Vereinigung kann das Zusammenfließen der Energien Körper, Geist und Seele zur untrennbaren Einheit verschmelzen. Bist du so gefestigt, erstrahlst du in neuer Hoffnung. Arbeitest du weiter an diesem Geflecht, fängt es in deinem Zentrum an zu pulsieren. Dann können die Räder der sich drehenden Energien sich spiralförmig entfalten und aufladen, der sich ewig verströmende Kreislauf der Schöpfung beginnt. Hast du das begriffen und verinnerlicht, wirst du – so ausgerichtet in einem starken Geflecht – auch bereit sein, als empfangende Herrscherin über deine Macht die neue Kraft, die dir entgegenschwebt, aufzunehmen.

Doch verfange dich nicht im Netz deiner Gedankenmuster, die dich begrenzen und deine Entwicklung und die Wahrnehmung deiner Eingebungen behindern. Zerreiße das Netz deiner versponnenen Gedanken immer wieder. In der Stille liegt die Kraft der Spinne, die geduldig innehält und darauf wartet, was ihr zufliegt – jeden Tag ihres Lebens aufs neue.

Öffne dich

Sieh zu, daß du dich nicht in deinen eigenen Denkmustern verfängst.
Laß alte Muster los, die dich in deiner Entwicklung behindern.
Zerreiße das Netz deiner eigenen versponnenen Gedanken.
Die unendlichen Möglichkeiten dürfen dein Schicksal nicht begrenzen.
Beginne dein Leben jeden Tag aufs neue.

Mantra: Leben, Schicksalsfäden weben

Der Steinbock

Selbstsicherheit

- Ich will mutig hoch und höher hinaus.
- Ich arbeite mich aus eigener Kraft nach oben.
- Ich bin stolz auf mich und meine Leistungen.
- Ich bin selbstbewußt und lasse mir nichts streitig machen.
- Ich habe einen eigenen Willen und eine eigene Meinung.
- Ich habe ein Recht auf meine eigenen Gefühle und Gedanken.
- Ich habe mein Leben fest im Griff.
- Ich vertraue mir selbst.
- Ich kämpfe um klare Verhältnisse.

Die Saga des Steinbocks

Der uralte Bock aus den gewaltigen Bergen spricht: »Hier bin *Ich*! Diese für euch unzugängliche Welt habe ich mir mutig erobert. Ich bin eins mit dem Berg – er zieht mich magisch an. Mein inneres Gleichgewicht schenkt mir Ruhe und die Gewißheit: Ich schaffe, was ich will. Ich kenne keinen Zweifel.

Bei Sonnenaufgang bezwinge ich den höchsten Gipfel, um erhaben auf der für euch uneinnehmbaren Felswand zu thronen. Ich blicke zurück auf mein

Leben: Heute bekleide ich die höchste Position. Dafür habe ich gekämpft, unnachgiebig und unermüdlich. Jetzt stehe ich an der Spitze der Hierarchie. Wer wagt es, mich in die Knie zwingen zu wollen? Ich habe meine helle Freude an Widerständen und Hindernissen, sie sind mir eine willkommene Herausforderung. Jeder Sieg beweist mir aufs neue: Ich bin der Größte.«

Botschaft des Steinbocks

Der Steinbock stärkt dein Ich-Bewußtsein. Mit Hilfe seiner starken Ich-Kraft vermag er den höchsten Gipfel zu erklimmen. Du kannst die Kraft des Steinbocks schon an seinem Äußeren erkennen: Betrachte sein Gehörn, wie es mächtig aus seiner Stirn, dem Sitz des Willens, herauswächst, dann aber nicht nach den Sternen greift, sondern bogenförmig auf ihn zurückweist. So ist er zugleich geborgen und gefangen in seinem eigenen Energiekreis. So sehr ein starkes Ich-Bewußtsein das Selbstbewußtsein und damit die Selbstsicherheit auch unterstützt, so ist doch auch hier – wie immer – allzuviel ungesund! Mit Steinbock-Kraft magst du auf den höchsten Gipfel klettern – bedenke jedoch auch, wie einsam du dort oben sein kannst. Immer nur Felsen und Gestein um dich herum, das kann dein Herz versteinern lassen. Der Steinbock will dir sagen: Du darfst so hoch hinaus, wie du kannst. Genieße die Ruhe und innere Gelassenheit, die du auf höchster Warte empfinden magst, doch komm auch wieder herunter von deiner Höhe und bilde dir nicht ein, etwas Besseres zu sein.

Öffne dich

Erkenne dich selbst, jeden Tag ein bißchen mehr.
Je höher du deine Ziele steckst, desto mehr wirst du wachsen.
Nimm freudig jeden Widerstand mit Kraft und Geschick hartnäckig in Angriff.
Scheue vor Machtkämpfen nicht zurück, um deinen Platz zu finden.
Gib dir keine Blöße, zeige keine Schwäche.
Finde inneren Frieden.

Mantra: Ich will – ich kann – ich werde

Der Stier

Urkraft

- Ich bin groß und stark.
- Ich habe urwüchsige Kraft.
- Ich bin zäh und beharrlich.
- Mir gehört alles, und ich werde es verteidigen.

Die Saga des Stiers

»Wie die urwüchsige Kraft der Natur, so gewaltig bin ich«, schnaubt der stampfende Stier. Die Erde zittert und bebt unter seinen Hufen. Wie ein Koloß nähert er sich dir, fast träge sind noch seine Bewegungen, die ganze Erdenschwere lastet auf seinen Schultern. Seine Schwerfälligkeit suggeriert Geduld und Ruhe. Aber Achtung! Dahinter lauert die explosive Erregbarkeit seiner aufbrausenden Art. Besitzergreifend, wie er ist, wird er das Seine in gewaltigen Kämpfen mutig und angriffsbereit verteidigen. »Ich folge meinen Naturinstinkten mit Zähigkeit und Beharrlichkeit. Meine Kühe sind mir heilig, reiz mich nicht! In meinem rasenden Zorn werde ich dich wutschnaubend niedermachen. Nie gebe ich auf.«

Botschaft des Stiers

Wenn der Stier dich auf die Hörner nimmt, wirst du mit der ungezügelten, explosiven Naturkraft konfrontiert. In seinem Stiernacken liegt die geballte Urkraft. Er wird sich keine Blöße geben, den Nacken nicht beugen. Die Angst im Nacken? Kennt er nicht! Nackenschläge, Demütigungen nimmt er nicht hin. Er kämpft. Irgendwann jedoch wird er sich blindwütig die Hörner abgestoßen haben. Auch du sollst nicht alles hinnehmen. Überlege aber, ob du diese gar so ungestüme, ungezügelte Kraft wirklich brauchst? Vielleicht kannst du auf andere Art besser erreichen, was du willst.

Öffne dich

Laß deine Angst los.
Halte den Nacken steif.
Nimm nicht alles hin.

Mantra: Urkraft – Naturkraft

Die Taube

Hl. Geist

- Ich bin friedfertig.
- Ich liebe.
- Ich wohne in deinem Heiligtum.
- Ich überbringe Botschaften.
- Ich bin allgegenwärtig.

Die Saga der Taube

»In den steinernen Tempeln des fernen Orients leben wir Tauben seit Jahrtausenden unter der Gunst der Priesterschaft. Auch heute noch bewohnen wir eure heiligen Tempel, und unser Bildnis schmückt strahlend weiß eure Fenster und Wände. Wir sind viele – und wie jeder weiß, friedfertig und voller Liebe. Halt inne, steh still, und ich komme auf dich herab, ich werde dich mit meinem besonderen Flügelschlag umfächern. Schließ deine Augen, dein Gefühl erahnt die Nähe eines Engels, der herabkommt und deine Stirn umweht. Kann ich deinen Glauben an heilige Wesen stärken, die dir eine Botschaft bringen wollen? Bist du bereit, dich zu öffnen? Dann gelobe es vor Gott, einer höheren Macht, und du wirst deine Weihe empfangen: mit Gott einen Bund eingehen und Seines Segens teilhaftig werden. Ich, die Taube, stärke deinen Glauben und gemahne dich überall, wo du mich siehst, und sei es im Trubel der hektischen Großstadt, innezuhalten und dich an eine höhere Macht zu erinnern.«

Botschaft der Taube

Wie unter deinem Dach die Taube, wohnt auch im heiligen Tempel deines Körpers ein geistiges Wesen: deine Seele. Die Taube bringt dir die Botschaft: »Verbinde dich mit deiner Seele, laß dein Gefühl zu!« Hast du dich mit deiner Seele verbunden, sind Verstand und Empfinden im Einklang. Haben beide ja gesagt zu Gott, zu einer höheren Macht, dann können sich dein Wille und dein Gefühl im göttlichen Geist der Liebe vereinen – dein Schutzengel ist dir ganz nah. Er wird dich begleiten, führen und beschützen.

Bist du mit Gott einen Bund eingegangen? Wenn ja: Dieser Bund ist unantastbar, du kannst ihn nicht widerrufen. Die Taube sagt dir heute: »Der Göttliche Geist ist da, unendlich, unerschöpflich, er will auf dich herabkommen«.

Wer einen solchen heiligen Bund eingehen will, sollte bedenken, daß er eine hohe Verantwortung übernimmt. Deine Seele birgt dein Gewissen, das dich mahnt, wenn du diesem heiligen Bund zuwiderhandelst – in Gedanken, Worten oder Taten. Halte das, was du versprochen hast – betrachte es als Sakrament.

Öffne dich

Stelle einen Einklang zwischen Verstand und Gefühl her.
Sei dir der Allgegenwart des göttlichen Geistes bewußt.
Auch wenn du dich taub stellst: Du kannst dich der Wirkung göttlicher Gesetze nicht verschließen.
Sage ja zu Gott.
Halte deine Versprechen heilig, sie sind ein Sakrament.

Mantra: Frieden – Liebe – Einklang

Der Tümmler

Brüderlichkeit

- Ich habe Tier und Mensch zum Freund.
- Ich helfe meinen Freunden gern.
- Mit mir kann man gut umgehen.
- Ich spiele gern.
- Ich lache und habe Spaß.
- Ich bin neugierig und lerne im Flug.

Die Saga des Tümmlers

»Wer so viele Freunde hat wie ich, hat immer etwas zu lachen«, freut sich der Tümmler, »Fische und Menschen und natürlich meine Artgenossen – allen voran mein Freund Flipper – sind mir willkommen. Wenn du mit deinem Boot in den Hafen einläufst, macht es mir Spaß, dich laut schnatternd zu begrüßen und mit meinen artistischen Spielen zu erfreuen. Ich mag Menschen, lasse mich leicht einfangen und habe Spaß daran, wenn sie mich neugierig studieren wollen – neugierig bin ich ja selbst, nichts ist mir so verhaßt wie Langeweile.

Hoppla, ich werfe dir den Ball zu, fang ihn auf – verstehst du mich? Ich möchte dir etwas sagen, hörst du mich? Ich bringe die Botschaft aus der Welt des großen Ozeans an deine Küste, möchte dir von seiner

Weite erzählen, von der bunten Vielfalt und traumhaften Schönheit seiner Bewohner berichten, die die kristallklaren Wasser von Neptuns Königreich wie farbenfrohe Juwelen beleben. Ich liebe das Leben, tummle mich im nassen Element und mache die tollsten Luftsprünge. Ich liebe die ganze Welt und alle ihre Geschöpfe – natürlich zerreiße ich auch die Netze der Fischer, ich muß doch die armen Gefangenen befreien!«

Freundlich und aufmunternd nickt unser hilfsbereiter, immer lächelnder Freund uns zu. Vielleicht kommt einmal die Zeit, in der auch wir ihn endlich verstehen.

Botschaft des Tümmlers

Selbstlos, hilfsbereit und freundlich, wie der Tümmler ist, singt er dir das Lied der ganzen Welt: Er lebt im Wasser und hat sich neugierig die Luft dazuerobert. Ohne Unterlaß taucht er auf und wieder unter, hebt seinen Kopf aus dem Wasser, um die Sonne zu sehen. Laut prustend atmet er auf und sprüht eine Wasserfontäne wie einen Springbrunnen in die Luft – so läßt er Dampf ab. Lernbegierig hat er auch die Erdensphäre der Menschen kennengelernt, damit er Neues erfahren und seine naturgegebene Intelligenz weiterentwickeln kann. Er hat Grenzen überwunden, weil er kommunizieren möchte.

Die Gaben, die dir der Tümmler heute bringt, sind reich. Du darfst dir voller Lebensfreude die ganze Welt erobern, alle Sphären kennenlernen, mit allen Geschöpfen Freundschaft schließen, spielen und lachen. Laß wie der Tümmler endlich regelmäßig Dampf ab und atme auf. Laß Altes los, um Platz für Neues zu schaffen, und freue dich des Lebens. Was willst du mehr?

Öffne dich

Lerne die Geschöpfe dieser Welt kennen.
Höre, was sie dir zu sagen haben, und lausche ihrer Botschaft.
Sei freundlich zu allen Wesen.

Mantra: Wir alle sind Kinder dieser Erde

Der Widder

Durchsetzungskraft

- Ich lebe gern unter Männern.
- Ich fühle mich in archaischen Gesellschaftsstrukturen wohl.
- Ich habe ein dickes Fell.
- Ich kenne meinen Rang.
- Ich biete jedem Gegner die Stirn.
- Ich verweise andere auf ihre Plätze.
- Ich setze meinen Willen durch.
- Ich gebe Schwächeren eine Chance.

Die Saga des Widders

»Unsere Welt ist klar geordnet. Die Weiber, die Kinder und wir Männer – alle bleiben unter sich. Auch in meiner Gruppe herrschen klare Verhältnisse: Ich setze meinen Willen durch. Wenn's sein muß, gehe ich mit dem Kopf durch die Wand. Ich, der alte Widder, habe mir vor langen Jahren die Führungsrolle erkämpft und werde sie vehement verteidigen. An meinem Gehörn, das mächtiger und größer ist als das der anderen, kann jeder sofort meinen königlichen Status erkennen.

Wer will mich herausfordern? Nur her mit ihm! Wenn ich gegen ihn anrenne, werde ich mit Karacho seine Knochen krachen lassen! Bist du jedoch schwach, so nehme ich dich – sofern ich das will – als meinen Günstling unter meinen Schutz. Habe ich dich gnädig auserwählt, dann bekommst du durch mich eine ganz besondere Chance: Du darfst dich frei entwickeln.

Botschaft des Widders

Der Widder bietet dir eine gute Portion Durchsetzungskraft und einen starken Willen an. Manchmal kann es gut sein, Probleme und Widerstände mit Vehemenz anzugehen, Mauern einzurennen, seinen Kopf durchzusetzen. Wenn der Widder zu dir gekommen ist, darfst du dir ruhig ein gewisses Maß an Dickköpfigkeit gönnen und dich durchsetzen. Aber bevor du an der Spitze stehst, mußt du dich wie die jungen Widder emporarbeiten. Vom Kind zum Mann, vom Mann zum Boss! Vielleicht mußt du erst einmal viel einstecken. Leg dir also wie der Widder ein dickes Fell zu! Denk jedoch, wenn du dich durchsetzt, auch daran, Gnade vor Recht ergehen zu lassen. Du solltest Schwächere nicht bedingungslos niedermachen, sondern es halten wie der Widder, der ein schwächeres Tier unter seinen Schutz nimmt.

Öffne dich

Entwickle deine Willenskraft.
Arbeite dich nach oben.
Scheue vor Widerständen nicht zurück.
Erkenne, daß »Druck von oben« dich anspornt, dich anzustrengen und deine vollen Kräfte freizusetzen.

Mantra: Wollen – wagen – Widerstand?

Der Wolf

Anführer

- Ich übernehme Verantwortung.
- Ich schlichte Streitereien.
- Ich sorge für meine Gruppe.
- Ich setze deutliche Grenzen.
- Ich bin wachsam.
- Ich bestimme, wo es langgeht.
- Ich respektiere ebenbürtige Gegner.
- Ich kenne meine Grenzen.

Die Saga des Wolfes

»Wo Regenschauer niederprasseln und Schneestürme ihr Unwesen treiben, wo die Urgewalten toben – da gehöre ich hin«, erzählt der Wolf. In der rauhen Wildnis der kühlen Wälder lebt der Leitwolf mit seiner Wölfin in seinem Rudel. Wenn der Himmel über ihm zusammenbricht, bekommt er die Urkräfte der Schöpfung zu spüren, fühlt sich eins mit der wilden und rauhen Natur.

»Unter dem Blätterdach der Bäume finden mein Rudel und ich Schutz und Geborgenheit im Zusammensein mit der Familie. Das war nicht immer so. Als hungriger junger Wolf verließ ich meine Familie und machte mich auf den Weg. Immer auf der Suche durchlebte ich eine Zeit der erfüllten Einsamkeit. Ich wußte nicht, was mich erwartete, doch ich war mir gewiß: In meiner Entwicklung schreite ich voran. Ganz allein, als Einzelkämpfer, mußte ich meine Lebensaufgabe finden.

Einsam habe ich den Mond angeheult, den Mond, der über die weibliche Energie herrscht. Die Mondin flüsterte mir zu: ›Such dir eine Frau.‹ Jetzt schließt sich der ewige Kreislauf des Lebens, ich erfülle mein Schicksal: Ich gründete ein Rudel, stieg zum Oberhaupt auf, übernahm Pflichten und Verantwortung. Ich bin durch die Einsamkeit gegangen, die mir half, meine Intuition zu entwickeln. Jetzt erfüllt sich meine Vorstellung, jetzt kenne ich meine Aufgabe: Ich bin der Leitwolf. Mit einer gleichgestellten Wölfin an meiner Seite bin ich auserkoren, der Anführer zu sein. Mir folgen alle nach.«

Botschaft des Wolfes

Gestehe dir eine Zeit des inneren Rückzugs zu, um klare Vorstellungen davon zu entwickeln, was du willst. Mach es wie der Wolf, der eine Zeit der Einsamkeit durchlebt, dann gestärkt mit einem klaren Ziel vor Augen alle Kräfte mobilisiert und bündelt, um seine Vision in die Tat umzusetzen. Hast du diese klare Vorstellung verinnerlicht, such dir eine gleichgesinnte Kraft, die die gleiche Entwicklung durchlaufen hat und auf einer Ebene mit dir ist. Gemeinsam seid ihr stark! Wie Alpha-Wolf und Alpha-Wölfin, die zusammen das Rudel leiten und seinen Weg bestimmen, wachsam die Grenzen abstecken, Zugriffe von Eindringlingen abwehren und Streitigkeiten schlichten.

Mit dem Erscheinen des Wolfes bist du zum Anführer bestimmt. Aber bedenke: Auch wenn die

Wolfskraft dich befähigt, die Führungsrolle zu übernehmen, so wirst du dir doch immer deiner eigenen Grenzen bewußt bleiben. So wie der Wolf einen überlegenen Gegner meidet, wirst du deine Kräfte nicht vergeuden, um auf Biegen und Brechen zu siegen. Ist das Image des Leitwolfes erst einmal angeschlagen, kann er seine Position wieder verlieren, sogar auf den niedrigsten Platz verwiesen werden, und seine eigene Meute fällt über ihn her.

Öffne dich

Entwickle klare Vorstellungen davon, was du willst.
Erkenne, daß du mit einer gleichgestellten, gleichwertigen Kraft an deiner Seite doppelt so stark bist.
Bilde Pflichtbewußtsein und Verantwortungsgefühl aus als Voraussetzung, andere zu leiten.
Übernimm die Führungsrolle.
Entwickle deinen eigenen Führungsstil.

Mantra: Einsam – zweisam – gemeinsam

Der Wurm

Regeneration

- Ich räume auf.
- Ich schaffe Sauberkeit und Ordnung.
- Ich setze alle meine Kräfte für die Erde ein.
- Ich arbeite im Dienst der Erde.
- Ich bin ganz in meinem Element.
- Ich kann mich vollkommen regenerieren.

Die Saga des Wurms

»Alles ist ein ewiger Kreislauf. An der Nahtstelle von Leben und Tod, von Werden und Vergehen, stehe ich, das scheinbar kleine Würmchen, habe die wichtigste Aufgabe auf diesem Planeten überhaupt: Ohne mich gäbe es nur Wüste.

Wenn im Herbst des Lebens die Körper entseelt zu Boden sinken, beginnt für mich das Festmahl – ich lebe in Hülle und Fülle wie im Schlaraffenland. Als Umwandler der Materie mache ich alles dem Erdboden gleich. Ich bin der Totengräber und bereite euch den Garten Eden vor, stelle immer wieder den Urzustand her, regeneriere immer wieder den Leib von Mutter Erde. Ich grabe um und dünge, lockere und lüfte den Boden, baue Bewässerungskanäle, räume auf, schaffe Sauberkeit und Ordnung. Als

Wegbereiter der Materie schaffe ich das Alte fort und bereite den Boden für Neues: neue Formen, die die Seelen auf diesen Planeten einladen möchten.«

Botschaft des Wurms

Der Wurm ist wahrlich kein armes Würmchen: Er lebt in Saus und Braus wie die Made im Speck. Er kann den ganzen Tag über schlemmen, und so ist ihm seine Arbeit eine Lust. Indem er seiner Lust frönt, erweist er dem Planeten Erde einen unverzichtbaren Dienst: Gäbe es die kleinen Würmer nicht, ginge die Erde zugrunde. Indem er als Wegbereiter neuer Materie unermüdlich das Alte und Verbrauchte forträumt, bringt der Regenwurm dir die Botschaft: »Regeneration!« Sich regen bringt Segen, und so solltest du, wenn dich etwas wurmt, auf ihn hören und bei dir anfangen zu graben.

Regeniere dich, indem du Altes in Neues, Brauchbares, verwandelst: restauriere, renoviere, modernisiere. Nimm, was du an scheinbar Wertlosem hast, und stell es in einen anderen Zusammenhang, gib ihm eine neue Form, wandle um, gestalte neu! Mach dir einen Spaß aus dieser Tätigkeit und genieße, wie aus scheinbarem Abfall etwas Neues entstehen kann, das dir und anderen zugute kommt. Das gilt natürlich nicht nur für den materiellen Bereich, sondern auch für deinen »Seelenmüll«!

Wurmkraft sorgt für deine Runderneuerung und für die des Planeten Erde. Sicher trägt auch der Wurm, dieses unscheinbare Tierchen, das sich unter deinen Füßen windet, seinen Teil zum New Age bei, zu einem neuen Zeitalter – man kann's kaum glauben!

Öffne dich

Räume in dir auf.
Wandele Altes um.
Laß deinen Körper eine behagliche Wohnung für deine Seele sein.
Du darfst in Hülle und Fülle leben: Für dich ist gesorgt.

Mantra: Leise Regung – große Bewegung

Die Ziege

Zuneigung

- Ich habe Spaß an neckischen Spielen.
- Wißbegierig entdecke ich meine Umwelt.
- Ich zeige meine Gefühle offen.
- Ich bin für Liebkosungen sehr empfänglich.
- Ich nehme gern Geschenke an.
- Ich zeige meine Freude, wenn ich etwas bekomme.
- Ich liebe Menschen.

Die Saga der Ziege

»Wo sind meine Spielkameraden aus dem Ziegen-Kindergarten? Mit neckischen Bocksprüngen will ich jeden vorwitzig zum Spielen auffordern. Noch genieße ich meine Kinderzeit als Zicklein und bin immer zu drolligen Späßen aufgelegt. Neugierig und an allem interessiert, mache ich meinen Hals ganz lang, damit ich ja alles sehen kann. Hipp-Hopp – nichts wie hinauf auf das Klettergerüst. Doch dann beginne ich, mich zu wundern: Was mache ich eigentlich hier oben?«

Altes Wissen beginnt in dem kleinen Tier zu erwachen, Impulse der Vergangenheit werden wieder lebendig. Eine Ahnung vom Leben seiner Vorfahren im Hochgebirge dämmert in ihm auf. Dem Himmel ganz nah, wurde ihnen dort die Botschaft der Stille zuteil. Durch die Erdenferne erfuhren sie das Gleichgewicht von Geist und Seele, die Einheit in Gottes Nähe. Ihnen wurde eine große Aufgabe übertragen: Sie sollten diese Botschaft zu den Menschen bringen! Die ganze Herde zog hinunter ins Tal zu den Armen. Als »Kuh des Kleinen Mannes« wollten sie denen zu Nahrung und Kleidung verhelfen, die bittere Not litten.

»Aber wir schenken euch weit mehr: Zuneigung. Ich freue mich, daß du da bist. Fröhlich scharen wir uns um dich: Ein Mensch, ein Mensch! Jetzt kriegen wir alle was! Hast du uns heute wieder etwas Leckeres mitgebracht? Laß mich mal in deinen Taschen suchen und an dir knabbern, ich finde dich zum Anbeißen süß! Auch wir lassen uns gern beschenken.«

Botschaft der Ziege

Gehst du wie die Ziege kindlich-offen und ohne Argwohn auf Menschen zu, dann wirst du sicher mit offenen Armen empfangen. Wenn du dich anderen öffnest, wirst du nicht lange allein bleiben: Plötzlich kommen Menschen auf dich zu und zeigen dir ihre Zuneigung. Die Kraft der Ziege hilft dir, ein gewinnendes Wesen und Anziehungskraft zu entwickeln. Jetzt werden andere Menschen gern in deiner Nähe sein. Wie selbstverständlich wird deine Anwesenheit zu einer Freude für alle. Du bist umrundet von Menschen – und was du ohne Bedenken anderen gibst, macht dich nicht ärmer, du selbst wirst dabei nichts entbehren. Laß deine Ausstrahlung größer werden, du vergibst dir nichts dabei – mach es wie die Ziegen, die von ihrem Überfluß etwas abgeben, deinen Hunger und Durst stillen und dir Wärme und

Zuneigung schenken. Mach aus der alten Ziege eine neue!

Öffne dich

Lerne anzunehmen.

Du kannst alles haben, was du brauchst – wer alles hat, soll zufrieden sein.

Sei offenherzig, geh auf andere zu.

Du bist nie allein, wenn du dich für andere öffnest.

Sei anderen eine Freude durch deine Gegenwart.

Überall gibt es Wesen, die sich in deiner Nähe wohl fühlen.

Überall sind deine Spielkameraden, du mußt nur wollen.

Meckere nicht soviel herum.

Mantra: Du bist sympathisch – ich bin sympathisch

Tiere in ihrem Element

Die Tiere, die mit dir arbeiten möchten, haben aber eine noch weiterreichende Botschaft an dich als die, die du in den vorangegangenen Texten vorgefunden hast.

Bedenke, daß alle Tiere dieser Welt voll und ganz eingebunden sind in das Element, in dem sie leben. Schau sie dir an, die Kriecher und Krabbler, die Hüpfer und Läufer, die Springer und Schwimmer und all die gefiederten Freunde: Tiere der Erde, des Wassers und der Luft. Sie alle schenken dir mit ihrem Erscheinen auch die Kraft des jeweiligen Elementes, in dem sie leben: die Beständigkeit, Geborgenheit und Fruchtbarkeit der Mutter Erde, das Fließende, Erfrischende des Elementes Wasser und das Belebende des Elementes Luft.

Das Element Erde

Die Tiere, die gekommen sind als Vertreter der *Tiefe der Erde*, erzählen dir von der Geborgenheit und dem Schutz, die sie im Dunkel des Schoßes unserer Erdmutter erfahren:

- der Dachs
- der Fuchs
- der Maulwurf
- die Maus
- der Regenwurm

Andere haben zum Lebensraum die *Weite der Erde* erwählt. Sie wissen von ihrer Schönheit und Fruchtbarkeit und dem Glück, das dir in einem Leben auf diesem wunderbaren Planeten zuteil werden kann. Sie wissen aber auch um die Notwendigkeit des Sich-durchsetzen-Müssens, der Entwicklung von Kraft und Stärke und der Geduld, die das Leben uns oft abverlangt:

- der Bär
- der Esel
- der Hase
- der Hirsch
- der Hund
- das Pferd
- das Schwein
- der Stier
- der Widder
- der Wolf

Manche von ihnen sind *Erdentiere, die nach Höherem streben.* Das sind diejenigen unter unseren Freunden, die auf die höchsten Gipfel klettern oder sich weit in die Wipfel der Bäume wagen – sie alle wollen schon gern einmal hoch hinaus:

- das Eichhörnchen
- das Huhn
- die Katze
- die Schlange
- der Steinbock
- die Ziege

Auch das Huhn? Ja, auch das Huhn mit seiner Botschaft des Dienens! Sind nicht das Dienen und das Streben nach Höherem die beiden Seiten der gleichen Medaille?

Das Element Wasser

Andere Tiere wiederum sind im *Urelement Wasser* zu Hause. Sie berichten vom Mitschwimmen im Strom, vom Sich-tragen-Lassen. Diese Geschöpfe haben das Erleben des Mitschwingens verinnerlicht, das Gefühl des Im-Fluß-Seins. Die Tiere des Wassers bringen dir die Botschaft der Veränderlichkeit:

- der Aal
- der Karpfen

Das Element Luft

Die Tiere der *Luft* haben Grenzen überwunden – Grenzen, die uns Menschen noch gesetzt sind. Sie sind offen für Botschaften aus anderen, in höheren Frequenzen schwingenden Bereichen wie die Fledermaus, die die Töne des Ultraschalls vernimmt oder die Biene, deren Wahrnehmung in den Bereich des Infraroten reicht. Wer wie die Tiere der Luft Grenzen und Erdenschwere überwindet, wer wie sie hoch hinaus kann, der hat die Chance, zu neuen, zu höchsten Erkenntnissen zu gelangen. Die Tiere der Luft sind:

- der Adler
- die Biene
- die Fledermaus
- der Mauersegler

Die Verbindung mehrerer Elemente

Manche Tiere verbinden auch die Kraft zweier Elemente, etwa die Kraft von *Erde und Wasser,* so wie unser kleiner Freund, der an der Grenze zwischen zwei Elementen in einer Welt der Gegensätze lebt:

- der Krebs

Oder sie stehen für die Kraft von *Wasser und Luft* wie:

- die Libelle
- der Tümmler

Und wer von ihnen die Kraft von *Luft und Erde* verbindet, der kann den Himmel auf die Erde holen:

- die Eule
- der Pfau
- der Rabe
- der Schmetterling
- die Spinne
- die Taube

Für die Tiere aber, die sogar in drei Elementen, in *Erde, Wasser und Luft,* zu Hause sind, gibt es keine Zwänge mehr. Sie helfen dir, dich in jede Richtung zu entwickeln, sie lassen dich wissen: Du bist immer, ewig, überall:

- der Frosch
- die Möwe
- die Ratte
- der Schwan

Das Ritual der Elemente

Wenn du eine oder mehrere Orakelkarten gezogen hast, kannst du die Botschaft der Tiere auch als Hinweis darauf betrachten, daß du das dem jeweiligen Tier entsprechende Element in dir stärken solltest. Dann kannst du das Ritual der Elemente durchführen.

Die Erde – der physische Körper

Die Erde steht für
- Stabilität und Standfestigkeit, Beständigkeit
- Sicherheit
- Ernährung
- Form
- ursprüngliche Lebenskraft

Ihr Symbol: das Quadrat

Das Ritual mit Mutter Erde:
1. Zünde eine Kerze an.
2. Setz dich eine Zeitlang ruhig hin, ohne dich ablenken zu lassen.
3. Schließe die Augen.
4. Lege dir ein Stück Brot zurecht (am besten aus Hafer).
5. Segne dieses Brot mit dem Zeichen des Kreuzes von oben nach unten, von links nach rechts.

(Das Zeichen des Kreuzes in dieser Form bedeutet: vom Sehen, d.h. der Erkenntnis, zum Herzen gelangen und dann den Mund verschließen, also schweigen.)

6. Sprich in Gedanken die Worte: »Großer Geist von Mutter Erde, ich bitte dich, laß deine Kräfte walten, segne dieses Brot.«
7. Teile das Stück Brot in zwei Hälften.
8. Iß die eine Hälfte, sprich dabei in Gedanken die Worte: »Großer Geist von Mutter Erde, ich bedanke mich für deine Kraft. Sie wird mir helfen, so möge es sein.«
9. Nimm die zweite Hälfte und vergrabe sie draußen im Freien in der Erde. Sprich in Gedanken die Worte: »Großer Geist von Mutter Erde, dieses mit deiner Kraft gesegnete Brot gebe ich dir zurück als Zeichen meiner Dankbarkeit.«

Das Wasser – die Seele

Das Wasser steht für

- in Fluß bringen
- Mitschwingen im Rhythmus des Lebens
- Gefühle
- Beziehungen
- Erotik
- lebenspendende Seelenkräfte

Sein Symbol: die Mondsichel

Das Ritual mit dem Wasser:

1. – 3. wie zuvor.
4. Wasch deine Hände gründlich.
5. Füll ein sauberes Glas zu drei Vierteln voll mit kühlem, reinem Wasser (kein Mineralwasser).

6. Umfasse dieses Glas, und halte es einige Zeit in deinen Händen, ohne daß die Fingerspitzen sich berühren. Sprich in Gedanken die Worte: »Großer Geist des Wassers, ich bitte dich, fülle dieses Glas mit deiner Kraft.«
7. Betrachte das Wasser in deinen Händen, während es vom Großen Geist erfüllt wird.
8 Trinke es schlückchenweise, und genieße es.
9. Bedanke dich in Gedanken mit den Worten: »Großer Geist des Wassers, ich bedanke mich für deine Kraft, so möge es sein.«

Die Luft – der Geist

Die Luft steht für
- Leichtigkeit
- Schnelligkeit
- alles durchdringen
- Ausgleich schaffen
- lebenspendende Geisteskräfte

Ihr Symbol: der Stern oder der Kreis

Das Ritual mit der Luft:
1. – 3. wie zuvor.
4. Fühle dich in deinen Körper ein.
5. Atme tief durch die Nase ein, halt den Atem an, atme durch den Mund aus und wiederhole dieses dreimal.
6. Nimm eine Feder in deine rechte Hand. Streiche sanft im Abstand von zehn Zentimetern über deine Körperoberfläche – vom Scheitel bis zu den Zehen. Dann schüttle die Feder aus und streiche erneut über den Kopf, den Hals, die Schultern, über die Brust, den Bauch, über Beine und Füße.

Schüttle die Feder wieder aus, und zwar dreimal, und streiche danach über beide Arme und den Rücken. Sprich in Gedanken die Worte: »Großer Geist der Luft, ich bitte dich, gib mir deine belebende Kraft.«
7. Reibe deine Handflächen aneinander, der Federkiel liegt dazwischen, und puste deine Hände mit einem kräftigen Atemstoß auseinander.
8. Fühle dich erneut in deinen Körper ein.
9. Bedanke dich in Gedanken mit den Worten: »Großer Geist der Luft, ich bedanke mich für deine Kraft. Sie wird mir helfen, so möge es sein.«

Zum Element Feuer hat einzig und allein der Mensch Zugang. Es gibt nicht einen unter unseren Freunden aus dem Reich der Tiere, der das Feuer nicht scheute! Trotzdem möchten wir dir auch das Feuerritual erklären – und nicht nur der Vollständigkeit halber! Auch das Feuer kann dir nämlich auf eine ganz besondere Weise helfen.

Wenn du das Feuer bittest, dir seine Kraft zu schenken, so kann ein Wunsch in dir so entfacht werden, daß sich deine Aura verändert. Das trägt dazu bei, daß das Gewünschte angezogen wird, daß dein Wunsch sich so realisiert, wie es für dich richtig ist. So kannst du leichter erreichen, was du anstrebst – dein brennender Wunsch läßt dich Feuer und Flamme werden. Wenn dieses Feuer der Begeisterung in dir lodert, löst es falsche Emotionen auf, lindert Depressionen und unterstützt dich bei der Verarbeitung von Gefühlen. Du entdeckst neue Perspektiven, schöpfst Hoffnung, und deine Lebensfreude nimmt in ungeahntem Ausmaß zu.

Das Feuer – die Spiritualität

Das Feuer steht für
- Begeisterung
- Reinheit
- Erleuchtung

Sein Symbol: das Dreieck

Das Ritual mit dem Feuer:

1. – 3. wie zuvor.
4. Schreibe deinen Wunsch auf ein Stück Papier.
5. Entfache ein kleines Feuer.
6. Blicke in die Flammen und sprich in Gedanken die Worte: »Großer Geist des Feuers, ich bitte um deine Kraft und Hilfe, um meinen Wunsch zu realisieren.« Übergib das Papier mit deinem Wunsch dem Feuer.
7. Schau unverwandt in die Glut, während du flüsternd deine Herzschläge zählst. Hab Geduld, der Große Geist des Feuers wird dir bald – zur rechten Zeit – die Weisheit vermitteln, die dir hilft.
8. Bedanke dich in Gedanken mit den Worten: »Großer Geist des Feuers, ich bedanke mich für deine Kraft. Sie wird mir helfen. So möge es sein.«
9. Lösch das Feuer und beende das Ritual, indem du auch die Kerze ausbläst.

Zum guten Schluß: Eine kleine Eulengeschichte

Eine junge Eule war gerade der Geborgenheit des elterlichen Nestes entflogen. Da saß sie nun in der Dämmerung am Ufer des kleinen Gewässers und sinnierte: »Was soll ich jetzt tun? Was ist der Sinn meines Lebens?«

Der alte Frosch quakte lauthals: »Entwickle dich!«, und ein glänzender Aal, der sich geschmeidig vorbeischlängelte, meinte dazu : »Mach's so wie ich, der ich hinauseile, um die ganze Welt zu erfahren.«

Dem dunklen Grund des tiefen Wassers entstiegen viele Blubberblasen, die trugen den Wunsch des Karpfens nach oben: »Freiheit ist das höchste Gut.«

Nun wollte auch die Eule hinaus in die weite Welt, um in der Freiheit Erfüllung und eine Antwort auf ihre brennende Frage zu finden.

Noch zögernd ließ sie sich zunächst am Waldrand nieder. Dort erschien der Dachs und schüttelte den Kopf: »Willst du alles verlassen, dein Nest, deine Ahnen?« Und der rote Fuchs, der gerade vorbeischlich, kniff die Augen zusammen und warnte: »Paß gut auf dich auf: Das Leben – es ist gefährlich.«

Fast wären der Eule jetzt Bedenken gekommen, doch aus der Ferne tönte des Mauerseglers verlockendes Lied: »Hab doch einfach Vertrauen, wie wir, die wir zur rechten Zeit finden, was wir suchen.«

So bestärkt flog die junge Eule weit hinaus über das Land, das sich so verheißungsvoll im Dämmerschein des Abendlichtes vor ihr ausbreitete. Sie befragte Meister Petz und den alten Isegrimm, die huschenden Mäuse, die schleichende Katze.

Die Schlange wand sich, sie hatte etwas anderes im Sinn: »ZISCH – ich will dich!« stieß sie züngelnd hervor. Erschreckt hörte unsere Eule im eiligen Davonfliegen noch das Meckern des Steinbocks herüberschallen: »Sie will sich die Welt erobern und kneift vor dem kleinsten Machtkampf!«

Die Eule flog weiter und beobachtete im Laufe der Zeit all die Bewohner der Wiesen und Wälder, der Ebenen und der hohen Berge, die Tiere des Nordens und des Südens, Wesen der Luft, des Wassers und der Erde. Was Sie sah, ließ sie wachsen und reifen. Sie hörte ihrer aller Botschaft, das Grunzen des Schweines, das schmatzend verkündete: »Fressen, das ist der Sinn des Lebens« und das Stöhnen des Esels: »Frag mich nicht, ich habe Lasten zu tragen«. Doch so weit ihre Reise sie auch führte, so viele Erfahrungen sie auch machte, eine Antwort auf ihre Frage konnte sie nicht finden.

Die Eule war schon ganz mutlos geworden, als sie in der Ferne einen glitzernden See erspähte, auf dem der weiße Schwan majestätisch seine anmutigen Kreise zog. Er war der letzte, den sie noch befragen wollte. Als sie den See erreichte, war der volle Mond soeben aufgegangen, und sein Licht ergoß sich silbern über die bezaubernde Gestalt, die sich wie ein kunstvolles Gemälde im Wasser spiegelte. Mit lautlosem Flügelschlag schwebte die Eule einem hohlen Baum entgegen, der geisterhaft am Ufer stand. Sie ließ sich in seinem Geäst nieder, um den stolzen Schwan zu fragen: »Was ist der Sinn des Lebens?« Er, der das Geheimnis hütete, antwortete ihr auf seine Art – und berührt von seiner Kraft, im Einklang mit sich und ihrer Natur, spürte sie plötzlich das wahre Wesen ihres Daseins, das Geheimnis des Lebens.

Erschüttert verschloß sie es in ihrem Innersten, wissend, weise und schweigend.

Doch du, willst du dieses Geheimnis erfahren, dann suche, forsche und erforsche dich. Erinnere dich immer daran:

»Wer sucht, der suche so lange, bis er findet.
Und wenn er gefunden hat, dann wird er staunen.«